O VALOR TERAPÊUTICO DO PERDÃO

Solicite nosso catálogo completo, com mais de 500 títulos, onde você encontra as melhores opções do bom livro espírita: literatura infantojuvenil, contos, obras biográficas e de autoajuda, mensagens espirituais, romances, estudos doutrinários, obras básicas de Allan Kardec, e mais os esclarecedores cursos e estudos para aplicação no centro espírita – iniciação, mediunidade, reuniões mediúnicas, oratória, desobsessão, fluidos e passes.

E caso não encontre os nossos livros na livraria de sua preferência, solicite o endereço de nosso distribuidor mais próximo de você.

Edição e distribuição

EDITORA EME
Avenida Brigadeiro Faria Lima, 1080 – Vila Fátima
CEP 13369-040 – Capivari-SP
Telefones: (19) 3491-7000 | 3491-5449
Vivo (19) 9 9983-2575 ☺ | Claro (19) 9 9317-2800
vendas@editoraeme.com.br – www.editoraeme.com.br

@editoraeme   /editoraeme   editoraemeoficial   @EditoraEme

FRANCISCO CAJAZEIRAS
— PROFESSOR UNIVERSITÁRIO E MÉDICO —

O VALOR TERAPÊUTICO DO PERDÃO

Capivari-SP

© 2005 Francisco Cajazeiras

Os direitos autorais desta obra são de exclusividade do autor.

17ª reimpressão – janeiro/2025 – de 23.501 a 24.000 exemplares

CAPA e MIOLO | Rafael Carara - FOTOS Istockphotos
REVISÃO GRAMATICAL E DOUTRINÁRIA | Profª. Lídia Bonilha Curi Rodrigues de Camargo

Ficha catalográfica

Cajazeiras, Francisco
   O valor terapêutico do perdão / Francisco Cajazeiras. –
17ª reimp. jan. 2025 - Capivari, SP : Editora EME.
   128 p.

   1ª edição : jul. 2005
   ISBN 978-85-7353-323-1

1. Terapia do perdão. 2. Estudo científico e religioso do perdão.
CDD 133.9

SUMÁRIO

PREFÁCIO 9
I. AS DOENÇAS E SUAS BASES ESPIRITUAIS 19
   1. Imperfeição e enfermidades 23
   2. Origem das enfermidades 25
   3. Emoções 31
        3.1 – Conceito e classificação 31
        3.2 – Onde se formam as emoções 33
        3.3 – Espírito e emoções 34
        3.4 – Emoções e saúde 35
   4. Classificação das doenças quanto à
      temporalidade da ação 37
        4.1 – Doenças reativas tardias 38
        4.2 – Doenças reativas mediatas 39
        4.3 – Doenças comportamentais 40
        4.4 – Doenças psicossomáticas 41
   5. Enfermidades da alma 41

II. EVANGELHO E CIÊNCIA 47
   1. Amor aos inimigos 50
   2. O perdão das ofensas 52
   3. O "Pai Nosso" e o perdão 53
   4. Espiritismo e perdão – Consequências
      do ódio no Além 55
      4.1 - O ódio para além do túmulo 55
      4.2 - Um caso de doença do pânico 57
      4.3 - Um caso de xifopagia 59

III. SAÚDE X RESSENTIMENTO
(RAIVA, ÓDIO E MÁGOA) 63
   1. Estresse, emoções negativas e saúde 66
   2. Emoções negativas e câncer 71

IV. ENTENDENDO O PERDÃO 77
   1. Da necessidade de perdoar 79
   2. O significado do perdão na prática 81
   3. Obstáculos à prática do perdão 88
      3.1 – Egoísmo e orgulho 88
      3.2 – Atavismos e instintividade 89
      3.3 – Compensações mórbidas 90
   4. Exercícios para o perdão 91
      4.1 – Autoperdão 92
      4.2 – Autoexame 100
      4.3 – Tomar o ofensor como ignorante 101
      4.4 – Entender o ofensor como enfermo ... 101

4.5 - Entender o ofensor como
         instrumento de prova 102
   4.6 - Considerar a impessoalidade
         da ofensa 105
   5. Programação mental para o perdão 109

V. FAMÍLIA E PERDÃO 113

VI. CONCLUSÃO 119

VII. BIBLIOGRAFIA 125

PREFÁCIO

PREFÁCIO

A moral cristã tem suas bases alicerçadas no amor, sentimento divino por excelência e, por isso mesmo, parâmetro sensível para a aferição do progresso anímico de qualquer comunidade planetária de Espíritos.

O sentimento do amor é construído, segundo os Espíritos na Codificação Espírita, a partir da instintividade biológica e espiritual que, assinalando as necessidades impostas pelo determinismo evolutivo traçado pela Inteligência Suprema sob a forma de estimulações prazerosas, faz experimentar sensações as quais, assimiladas pelo princípio inteligente, desenvolvem-se em ascensão espiralada na direção dos sentimentos que se sutilizam para o alcance do amor.

O amor é, por assim dizer, o **requinte de todos**

os sentimentos[1] e a incontestável comprovação de nossa filiação divinal, assim como da nossa inata perfectibilidade.

Dizia antes que o amor é parâmetro inimitável para a averiguação do *status* evolutivo do Espírito, posto que ele se desdobra a partir do egocentrismo – base para a construção da consciência individual, em primeira instância, e da autoamorosidade (disposição íntima de aceitar-se e assumir-se como "filho de Deus", tomado de gratidão e reconhecimento ao Criador) – e se expande na direção do infinito, assegurando-nos a integração com todas as forças que concorrem para a consecução da vontade Divina nos Universos.

A basear-nos pelos níveis de amor em nosso mundo, como medida avaliativa, compreenderemos o porquê das nossas dores e, inclusive, o porquê de o Cristianismo de Jesus ainda estar longe de se estabelecer neste planeta e de cumprir o seu papel de regência nas relações humanas.

A Terra ressente-se do desamor de seus habitantes ou da fragilidade do seu oposto sentimento, o amor, nos psiquismos que o buscam e pelejam pelo seu exercício no cotidiano.

Falta-nos, como humanidade domiciliada nesta

---

[1] Ver em *O Evangelho segundo o Espiritismo*, cap. XI, item 08, mensagem do Espírito Lázaro (Paris, 1862): *A lei de amor*.

bela moradia, a consciência do sentido da vida e a compreensão dos motivos justos e inteligentes que nos levam ao compartilhamento das experiências terrenas.

Ainda nos comportamos, muitas vezes, como se estivéssemos na infância da humanidade, a aprender unicamente com a realidade dos instintos e do prazer, apesar do desenvolvimento da inteligência, da razão e, por conseguinte, da capacidade de raciocínio e de distinção entre o bem e o mal, agora assumindo responsabilidades pela teimosia do estacionamento na zona do sensorial, elegendo como razão existencial a forma hedonista de ser, de pensar e de viver.

Ao mesmo tempo, a intuição e os progressos sufocados e retidos pela irreflexão da fuga à aceitação de nossa realidade ontológica agem e defluem em jatos lancinantes que visam romper o estado anestésico a que nos arremetemos, descortinando definitivamente os prazeres da alma, perenes e mais satisfatórios que os seus arremedos instintivos primários, promissores do gozo sem jaça da plena espiritualização.

Essa posição ambivalente repercute dolorosamente em nosso íntimo e em nosso comportamento oscilante do infra-humano para o supra-humano, na medida da nossa humanidade, degrau intermediário para a libertação definitiva do período primitivo e para o treinamento que capacita à expressividade plena do amor.

Todas essas dificuldades refletem-se indiscutivelmente nos nossos relacionamentos, em nossa convivência no plano social, mostrando o quanto de progresso moral nos falta realizar.

Nações se defrontam nos mais diversos níveis e procuram fazer valer e prevalecer os seus interesses, pondo-os, no mais das vezes, acima da ética e do reconhecimento da nossa condição de semelhantes; sociedades se batem à exaustão, na pretensão de se afirmarem com maior valor hierárquico; homens se digladiam no cotidiano, sedentos de poder e de privilégios; elementos familiares se esquivam das suas responsabilidades, mas exigem dos outros o que entendem por direito próprio!...

Conflitos e embates de toda ordem e intensidade, das mais diferentes dimensões, pessoais e impessoais, amarguram e determinam situações de estresse negativo, repercutindo no equilíbrio e na saúde individual e social!...

Guerrilhas nas esquinas dos aglomerados urbanos que inquietam e assombram; armadilhas nos logradouros públicos que fazem vítimas a todo instante; embustes nas organizações seduzindo incautos em negócios falaciosos; induções a atitudes indecorosas sob promessas vãs de facilidades materiais... confrontos... assédios... logros... deslealdade... desrespeito... vileza...

Abandonamos a selva e seus predadores naturais para nos tornarmos caça e caçador **antinaturais**!

Por consequência dessa atividade selvática, experimentando as duas polaridades da contenda, desenvolvemos sentimentos de hostilidade, ódios, mágoas, ressentimentos e desamores, nas mais diversas áreas: no lar, na família, na escola, no trabalho, no trânsito, etc.

Agredidos, caçados, maltratados, amesquinhados e violentados, desenvolvemos afetividade dolorosa que, mantida, às vezes indefinidamente, encarceram--nos, por nossa vontade – embora nem sempre nos demos conta da própria ação – nos calabouços do orgulho e da suscetibilidade.

Mas a moral cristã, alicerçada no amor, conclama--nos ao **perdão**: atitude humana de compreender a falha ou a agressividade do semelhante, pelo entendimento da própria falibilidade.

Veremos nesta despretensiosa obra que a proposta de Jesus para o perdão incondicional não se restringe apenas à ordem ético-religiosa; não direciona suas investidas unicamente até o terreno filosófico; mas abrange todas as áreas do conhecimento humano, assinalando com o perdão para favorecer o equilíbrio nas relações e, acima de tudo, o autodomínio e a serenidade, assumindo o controle da edição da própria felicidade.

Também teremos contato com os avanços da pesquisa científica, haja vista a importância de perdoar como terapêutica apropriada à nossa saúde não apenas espiritual ou social, mas também mental e orgânica.

O perdão – veremos – é ação profilática para a integridade do lar, para a construção da paz social, para o estabelecimento dos laços de fraternidade além-fronteiras e para a vivência da solidariedade universal.

Mas, para lograr-se desenvolver a coragem que habilitará à prática do perdão, é preciso, antes, compreender-se o seu real significado e a sua forma de aplicação mais palpável, reunidos ao esforço perseverante para o abandono, paulatino mas irreversível, das cidadelas do egoísmo.

Com o assumir do exercício definitivo do perdão, a Humanidade terrena demonstrará às aferições evolutivas pelos termômetros do amor a sua condição de moralidade mais compatível com o progresso intelectual, científico e tecnológico, pois nada menos esperam de nós as inteligências amoráveis que compõem o corpo docente desta querida escola terrena que ostenta, em sua direção geral, a presença magistral do eminente pedagogo Jesus de Nazaré.

A paz mundial não se faz apenas com assinaturas de tratados que depois são violados por pouco mais ou nada, mas notadamente com a capacidade de perdoar, posto que, enquanto habitarem neste planeta criaturas com dificuldade morais, haverá afrontas e agressões. Assim, é a partir da capacidade de perdoar desenvolvida individualmente que lograremos, mesmo antes de nos tornarmos Espíritos de escol, construir uma paz mundial mais duradoura, pois as decisões nacionais e internacionais se tornarão cada vez mais atreladas à vontade da população que, conscientemente, influenciará no estabelecimento de relações fraternais e solidárias entre os povos, no momento em que, apesar das fronteiras internacionais, sentir-nos-emos unidos pelos mesmos laços de humanidade, erguendo a cabeça para a ascensão espiritual.

Se com esta singela obra conseguir promover a sua reflexão sobre a temática do perdão, já me darei por satisfeito, pois tenho a certeza de que, com a sua sensibilidade, caro leitor, o perdão estará entre as suas cogitações de destaque e, mais ainda, acredito completamente na viabilidade da parturição do seu **dom de perdoar!**

Fortaleza, junho de 2005.
Francisco Cajazeiras

I - AS DOENÇAS E SUAS BASES ESPIRITUAIS

I
AS DOENÇAS E SUAS BASES ESPIRITUAIS

A dor e o sofrimento são, sem dúvida alguma, uma presença constante no mundo em que vivemos, constituindo-se em verdadeiro apanágio da humanidade terrena.

De fato, não existe ninguém que já não tenha vivenciado um problema de saúde de maior ou menor expressividade e, muito menos, que possa afirmar de sã consciência não estar sujeito a enfermidades. Isso se deve ao fato de vivermos ainda em um *"mundo de expiações e provas"*, conforme a classificação do insigne codificador do Espiritismo Allan Kardec[2], e,

---

[2] KARDEC, Allan. – *O Evangelho segundo o Espiritismo*. Cap. III. Editora EME: Capivari-SP.

por conseguinte, de nos encontrarmos ainda muito distantes da perfeição relativa a que somos destinados pela Lei Divina.

As doenças são, pois, o retrato fiel da imperfeição do espírito humano, isso porque a matéria responde às ações do elemento espiritual de maneira que, muito embora a conceituação oferecida pela *"Organização Mundial de Saúde" (OMS)* sobre a própria saúde demonstrar um grande progresso, ela circunscreve-se ao efeito e não à causa. Senão vejamos:

"Saúde é a sensação de completo bem-estar físico, mental e social, e não apenas ausência de doenças".

Dizemos ser progressista esta definição porque ela não se atém única e exclusivamente ao estojo celular, mas abrange também os processos mentais e as relações sociais.

A verdade, no entanto, é que essa sensação de conforto que se descreve, já é, por si só, derivada da condição espiritual, ou seja, as experiências levam-nos cada vez mais à conclusão de que, à medida que nos distanciamos das leis naturais (divinas), induzimos a gênese dos mais diversos distúrbios sobre o próprio organismo. Em outras palavras, a imperfeição do Espírito traduz-se na forma das mais diversificadas doenças catalogadas pela Medicina.

Assim sendo, ousamos tranquilamente complementar a **definição de saúde** proposta pela *OMS*:

"*Saúde é a sensação de completo bem-estar físico, mental, social e **espiritual**"*.

1. Imperfeição e enfermidades

É através, portanto, do conhecimento desse efeito produzido pela imperfeição sobre a saúde de um modo geral que se podem explicar facilmente as doenças adquiridas ou "herdadas" pelo paciente.

Lembrar ainda que aquilo que poderia parecer, à primeira vista, a mais completa injustiça divina — como no caso das doenças que se instalam nos animais irracionais — é, na verdade, o resultado de sua imaturidade e consequente primariedade no automatismo dos processos de gerenciamento natural da organização somática. Quer dizer que, na gênese dos distúrbios de saúde no animal irracional, encontramos a imperfeição da imaturidade anímica. No ser humano, da imaturidade moral.

A esse respeito, porém, preciso é levar-se em consideração que, muito embora as doenças possam assumir características perfeitamente semelhantes no que tange às reações sobre a economia orgânica (fenômenos anatômicos e disfuncionais), há profundas diferenças na forma de sentir e de interpretar a dor, posto relacionar-se com o estado evolutivo do ser.

Isto significa afirmar que podemos encontrar humanos e infra-humanos apresentando processos fisiopatológicos semelhantes, mas apresentando repercussões, em nível físico, bastante diferentes entre si, motivadas naturalmente pelas significativas diferenças evolutivas de seus psiquismos e consequentes relações com a vida, o viver e seus fins espirituais.

Aliás, nesses casos a dor mantém a sua funcionalidade: qual seja a de **aguçar a atenção e a sensibilidade anímicas** do princípio inteligente, em seu processo de desenvolvimento e conscientização da progressiva individualização.

A saúde – como a doença – é, então, o somatório

PRINCÍPIO INTELIGENTE

Ensinam-nos os Espíritos reveladores, em *O Livro dos Espíritos*, que Deus criou o espírito como princípio inteligente, um vir-a-ser espiritual.

Este princípio desenvolve suas possibilidades, a partir das relações com a matéria, em um processo de assimilação das suas leis atômicas e moleculares de agregação e coesão, no reino mineral, após o que desenvolve a sensibilidade vital nas ligações um pouco mais complexas no reino vegetal. É no reino animal que a sua relação com a matéria se torna mais complexa, com a estruturação de um corpo semimaterial (perispírito) e o desenvolvimento dos instintos e da inteligência rumo à aquisição da racionalidade, no reino hominídeo, quando então se torna um Espírito propriamente dito, encarnando-se como um ser humano.

(Ver questões 23 e 76 da obra citada)

das múltiplas posturas psíquicas e espirituais adotadas pelo indivíduo nas relações consigo mesmo, com os semelhantes e com o meio onde está situado. Logo, se a resultante dessas forças tem direção e adentra o plano constituído pelas Leis Naturais, prevalecerá o que podemos convencionar como **positividade** a traduzir **saúde**; do contrário, destaca-se a **negatividade**, tradutora da **doença**.

Obviamente, no atual momento evolutivo do conjunto de Espíritos habitantes do planeta Terra, observa-se, quando muito, uma relativa saúde em pequeno percentual. Isto explica a imensa variedade de enfermidades, catalogadas pela Medicina, algumas, infelizmente, denotando uma imensa dificuldade, da parte dos seres humanos, de libertar-se definitivamente das fases mais recuadas do seu desenvolvimento espiritual.

Por outro lado, o desenvolvimento da razão e a natural responsabilidade que disso resulta imprimem em nós maior amplitude reativa ante as atitudes contrárias às leis naturais.

2. Origem das enfermidades

Vimos, então, que a gênese basal dos estados mórbidos, encontramo-la nas ações do Espírito, sejam em nível mental, molecular ou social. Sob esse raciocínio, ouso afirmar que praticamente todas as nossas enfermidades são primariamente de origem espiritual.

MENTE E ESPÍRITO (1)

A despeito de todo o progresso resultante da década do cérebro – os anos 1990 –, a mente é, ainda, uma incógnita. Poderíamos aceitá-la como sendo uma definição que tenta resgatar a essência do ser humano.

Para grande número de cientistas, ela é o resultado da cerebração, conquanto não o possam provar, a despeito do mapeamento cerebral, da neuroquímica e dos fenômenos elétricos presentes e implicados com a fisiologia neuronal.

A verdade é que não há como justificar as interpretações pessoais, a origem do pensamento, enfim, a complexa função psíquica, a partir unicamente dos estímulos neurais e da fisiologia cerebral.

Há uma consciência interativa com os fenômenos eletroquímicos explicados pela neurologia. Dessa maneira, poderemos identificar as áreas cerebrais relacionadas com essa ou aquela função específica, mas o discernimento, o ajuizamento, o raciocínio, a consciência, em uma palavra, fogem ao esclarecimento anatomofisiológico específico. E isso tudo, sem que tenhamos de recorrer à fenomenologia paranormal e às questões do inconsciente, defendidas por Sigmund Freud.

É por esse motivo que a abordagem da mente faz-se de forma fragmentária:

· os anatomistas e bioquímicos dirigem seus estudos para o âmbito dos mecanismos somáticos;

· os psicólogos buscam-lhe as propriedades subjetivas e

· os filósofos e teólogos, por fim, procedem ao estudo da alma, do espírito.

Possivelmente serei interpretado como místico que leva em conta unicamente a questão espiritual ou exagera na interpretação, fugindo da realidade dos fatos.

No entanto, repito: a Ciência tem demonstrado que os estados mentais (espirituais) são capazes de alterar a competência do sistema imunológico do indivíduo, fragilizando-o, por exemplo, em sua capacidade de defender-se de uma invasão virótica. Isso leva-nos a entender o porquê de, às vezes, mantermos um contato mais íntimo com pessoa "gripada" e não adoecermos enquanto, em ocasiões diferentes, ao sermos acometidos de processo viral, não termos lembranças de contato nenhum com pessoa enferma.

Alfred Adler (1870-1937), psiquiatra austríaco, contemporâneo de Sigmund Freud e fundador da Psicologia Individual, já se identificava com esta ideia e afirmava[3]:

> "Uma doença infecciosa não é o produto apenas de uma bactéria ou de um vírus, mas decorrência da participação do indivíduo em sua totalidade, do corpo e da mente, na 'aceitação' ou 'rejeição' ao vírus ou à bactéria".

---

[3] Apud PONTES, J.F. – *Curso de Medicina Psicossomática*, IBEPG.

Já o Dr. Franz Alexander (1891-1964), considerado um dos pais da Medicina Psicossomática, assim se posicionava:

MENTE E ESPÍRITO (2)

O Espírito é a base da consciência, o perispírito é a base da relação interdimensional e o corpo físico é o instrumento de interação terrena.

Com a morte, o Espírito desliga-se do aparelho biológico, mas conserva o seu corpo espiritual. Este, à medida que evolui o Espírito, se vai sutilizando cada vez mais até que sua essência se aproxime bastante da própria essência do Espírito, o que, no entanto, não significa a sua perda como interpretam algumas pessoas.

Por ocasião da reencarnação, o Espírito gerencia o desenvolvimento do corpo que se vai formar, através do perispírito que funciona, então, como um "Modelo Organizador Biológico - MOB"*.

Em *A Gênese*, Allan Kardec afirma que o perispírito se liga ao novo corpo de maneira muito complexa, "molécula a molécula".

De acordo com o que apresentamos, podemos associar o conceito de mente ao Espírito, quer dizer, é o Espírito o comandante das ações do corpo somático, promovendo as modificações químicas, neuroquímicas e elétricas, notadamente através da interação perispírito/glândula pineal.

* Proposto pelo pesquisador espírita Dr. Hernani Guimarães Andrade

"Que na realidade a mente governa o corpo, apesar de a biologia e a medicina não prestarem atenção a isso, é o fato mais essencial que conhecemos sobre o processo da vida."[4]

Mais recentemente, o pesquisador Norman Cousins expressou o seu pensamento similar sobre a questão:

"O estado emocional do paciente tem efeitos específicos sobre os mecanismos envolvidos na doença e na saúde"[5].

Já o Dr. Harold G. Koenig cita em seu livro *Espiritualidade no cuidado com o paciente*[6], sobre a relação espiritualização e saúde, quer dizer, pacientes religiosos e níveis de saúde:

"Durante o século XX, mais de 1.200 estudos examinaram a relação entre religião e saúde, sendo que a maioria encontrou uma correlação positiva importante."

---

[4] Apud SIEGEL, Bernie. – *Amor, medicina e milagres*. Trad. João Alves dos Santos. Ed. Best Seller: São Paulo-SP.
[5] COUSINS, Norman. – *Cura-te pela cabeça*. Trad. Bernadete de Lima Galvão e Maria Neusa Dias Mendes Ferreira. Ed. Saraiva, 1ª ed., pg.90: São Paulo-SP.
[6] KOENIG, Harold G. – *Espiritualidade no cuidado com o paciente (Por quê, como, quando e o quê)*. Trad. Giovana Campos. Folha Espírita Editora: São Paulo-SP.

E também:

"As crenças religiosas e suas práticas são usadas para regular as emoções durante os tempos de doenças, mudanças e circunstâncias que estão fora do controle pessoal dos pacientes."

Ainda quanto às pesquisas e as publicações sobre a relação espiritualidade e saúde, na maioria favoráveis às vinculações positivas, em entrevista dada ao jornal Folha Espírita[7] (São Paulo), informa-nos o Dr. Harold Koenig[8]:

"Desde 2000, foram quase três mil artigos."

Também o Dr. Bernie Siegel[9], em seu livro Amor, medicina e milagres[10], assinala a participação da mente nas doenças do corpo:

---

[7] KOENIG, Harold G. – Medicina e espiritualidade: União definitiva. Entrevista ao jornal Folha Espírita, junho de 2005, n° 371, ano XXXII, pág. 03.
[8] Professor de psiquiatria e de medicina, na Faculdade de Medicina da Universidade de Duke (Duke University Medical Center), na Carolina do Norte, EEUU. Médico, conferencista e editor do International Journal of Psychiatry in Medicine. Escritor, sendo seus últimos livros: The Handbook of Religion and Health e The Healing Power of Faith.
[9] Médico cirurgião em New Haven, Connecticut, e professor da Universidade de Yale.
[10] SIEGEL, Bernie S. – Amor, medicina e milagres. Trad. de João Alves dos Santos. Ed. Best Seller: São Paulo-SP.

"Tudo o que posso dizer, como cientista, é que a grande maioria das doenças físicas tem, em parte, alguma origem psicossomática."

O certo é que estados de apatia mental e de desequilíbrios emocionais predispõem a várias patologias por conta das modificações imunológicas.

3. As emoções

3.1 – Conceito e classificação

Emoções são estados psíquicos – ou da alma – em que se destacam sentimentos fortes e generalizados. Dão colorido especial ao psiquismo e à vida, sendo resposta aos estímulos (motivações) intelectuais e sensoriais impressos no Espírito a partir das suas relações com o universo exterior e interior.

No ser humano, ganham em profundidade e extensão, com o desenvolvimento da inteligência e da razão, notabilizando-se e estendendo-se para muito além da questão da sobrevivência física, como ocorre com os animais irracionais.

Apresentam-se como **fenômenos subjetivos** (emoções centrais), que são os sentimentos propriamente ditos, tais como amor, ódio, ternura, raiva, serenidade, mágoa, medo, alegria, tristeza, ansiedade, desespero, paz, remorso, arrependimento, perdão etc., e **fenômenos objetivos** (emoções periféricas), que constituem o "comportamento emocional", quais sejam: riso, choro, sudorese, palidez cutânea, alterações fisionômicas características, tremores, aumento dos movimentos respiratórios, aumento dos batimentos cardíacos, aumento do peristaltismo intestinal (movimentos), angústia etc.

Ao conjunto dessas modalidades emocionais podemos dar o nome de **afetividade**.

Consideremos ainda a distinção entre as emoções "positivas" e "negativas", de acordo com as experiências vivenciais que provocam. Assim definidas, classificaremos como **emoções positivas** aquelas que implicam vivências agradáveis: amor, serenidade, alegria, amizade, ternura etc. e como **emoções negativas** (vivências desagradáveis): ódio, raiva, mágoa, angústia, ansiedade, medo etc.

As emoções têm um papel primitivo de motivar o indivíduo a preservar a vida física, de acordo com a lei de conservação[11], através da instintividade, presente desde os seres vivos mais primitivos. Com o desenvolvimento anímico, vão assumindo papel de maior realce, enquanto se fazem acompanhar por maior complexidade da organização somática, notadamente do sistema nervoso.

---

[11] KARDEC, Allan in *O Livro dos Espíritos*, Livro Terceiro, cap. V.

3.2 – Onde se formam as emoções

Desde os estudos anatômicos do sistema nervoso realizados na Idade Moderna, sob a égide do materialismo emergente e dos estudos de fisiologia, mudou-se o entendimento da relação do emocional com o coração, outrora defendido, com a argumentação de que o cérebro, como um todo, é que estaria implicado neste processo.

Em 1937, o neuroanatomista norte-americano James Papez (1883-1958) fez publicar seu notável trabalho, essencialmente intuitivo, *A proposição de um mecanismo para a emoção*[12], onde relaciona um circuito nervoso cerebral – com destaque para o **lobo límbico**, assim denominado pelo cirurgião francês Paul Broca[13] (1824-1880) – com as emoções, tornando-se um marco nos estudos neurocientíficos das emoções.

Em 1949, o fisiologista suíço Walter Hess (1881-1973), prêmio Nobel de Medicina, realizando experiências com gatos, declarou que ao hipotálamo[14] cabia a função do comportamento emocional, pois

---

[12] *Archives of Neurology na Psychiatry*, 38: 725-743 (Apud MACHADO, Ângelo in *Neuroanatomia Funcional*, Atheneu: São Paulo-SP.

[13] Paul Pierre Broca (1824-1880), nasceu na França e aos 20 anos formou-se em Medicina, na Universidade de Paris. Tornou-se depois professor de patologia cirúrgica, na mesma Universidade. Pesquisador nas áreas de histologia e patologia do câncer, notabilizou-se, no entanto, como neuroanatomista por haver descoberto a área de expressão da linguagem no cérebro, hoje denominada Área de Broca.

[14] Região do diencéfalo que, por sua vez, é a parte interna do cérebro.

estimulando eletricamente áreas hipotalâmicas diferentes, através de eletrodos nelas introduzidos, obtivera múltiplas respostas emocionais.

As pesquisas que se lhe seguiram, voltaram a relacionar áreas mais extensas do cérebro com a função emocional, de maneira que hoje são arroladas diversas regiões do sistema nervoso como participantes do fenômeno emocional tais como **sistema límbico**[15], **hipotálamo, área pré-frontal, tálamo e tronco encefálico**, todos componentes do Sistema Nervoso Central.

Essas áreas são a parte física do computador que, no entanto, é desenvolvido e mantido pela mente (a parte não física ou extrafísica, como queiram).

3.3 – Espírito e emoções

Ora, o Espírito é o ser psíquico – pensante e afetivo – e, portanto, é nele que se originam as emoções. Através do perispírito – que o ata ao corpo físico – estimula as áreas cerebrais específicas, com as compreensíveis repercussões na indumentária orgânica, resultando na expressividade emocional. Então, muito embora haja correspondência de certas áreas do sistema

---

[15] O sistema límbico é constituído por **componentes corticais** (que possuem um córtex, substância cinzenta): giro do cíngulo, giro parahipocampal, hipocampo; e **componentes subcorticais**: amígdalas, área septal, núcleos mamilares, núcleos anteriores do tálamo e núcleos habenulares. Em sua maior extensão, ocupa a parte interna e central do cérebro.

nervoso com as **emoções** denominadas **centrais**, na visão espírita, **os sentimentos pertencem ao Espírito** que, motivado a partir das influências do meio, da vida física, reage ora respondendo objetivamente àquela estimulação, ora desenvolvendo os potenciais, através dos mecanismos de aprendizado.

As emoções são, pois, em parte, inatas, ou seja, trazidas pelo Espírito de seu passado evolutivo, muito embora não se mantenham estáticas, podendo (e devendo) se modificarem algumas e se ampliarem outras, assegurando o progresso moral do Espírito.

Assim sendo, podemos concluir que **o comportamento emocional é resultante da ação do Espírito sobre os sistemas de equilíbrio e de defesa da organização somática**, sofrendo-lhe as repercussões específicas de sua manipulação.

3.4 – Emoções e saúde

Durante muito tempo, a nossa sociedade tem entendido as emoções como sinal de fraqueza e indignidade, desprezando-as e tachando-as de pieguismo, levando o homem contemporâneo a esconder-lhes as manifestações. Isso tem sido responsável por sérios conflitos e distúrbios psicossomáticos. Fugiu-se da sensibilidade, preferindo a frieza nas relações e o calculismo nas decisões e condutas, arruinando a qualidade de vida, estimulando o egoísmo e o orgulho.

No Brasil, ainda mantemos um certo calor nas relações humanas, notadamente nos Estados do Norte-Nordeste.

É fato que o ser humano tornou-se estéril de sentimento, imaginando a impossibilidade de aliar razão e sentimento, inteligência e emoções.

As pesquisas mais recentes, porém, dão-nos conta da magnitude da vida emocional, da necessidade de sabermos vivenciá-la e da destacada influência em nossa saúde (não apenas psíquica e mental, mas inclusive física).

Como em toda transformação de monta, partiu-se para o extremo oposto, ainda sob a regência do orgulho e do egoísmo. De princípio, falava-se da imperiosidade de não se opor às emoções, prescrevendo-se deixá-las vir à tona, vivenciá-las todas e completamente, quaisquer que fossem os tipos, sob pena de desequilíbrio psicológico ou mental. Porém, é muito claro que, pelo fato mesmo da nossa condição de seres sociais, isso determinou sérios desequilíbrios sociais, com importantes repercussões deletérias sobre o psiquismo e o corpo[16].

Hoje, conquanto continuemos a entender-lhes a relevância, já temos ciência do desatino e da impropriedade de deixarmos desaguarem em descontrole,

---

[16] Rever definição da OMS de saúde no início desse capítulo.

virem à tona em desvario, o que nos exige consequentemente um esforço hercúleo para o desenvolvimento da denominada "inteligência emocional"[17], termo criado por Daniel Goleman[18].

É preciso, pois, aprender a vivenciar as emoções certas, no tempo certo, com a pessoa certa, na intensidade certa.

Faz-se urgente uma estratégia educacional específica e bem elaborada para lograrmos alcançar tal capacidade, desenvolvendo a inteligência emocional.

É, pois, no Espírito, sob a regência e em função da sua precariedade evolutiva, que se situa a causa dos mais diversos quadros patológicos, dos males que atingem a humanidade.

4. Classificação das doenças quanto à temporalidade da ação

No que tange à temporalidade, veremos que as enfermidades têm sua gênese engendrada no passado longínquo ou próximo e, é claro, também no presente.

---

[17] GOLEMAN, Daniel. – "Inteligência emocional". Trad. Marcos Santarrita. Ed. Objetiva: Rio de Janeiro-RJ.
[18] Psicólogo, PhD pela Universidade de Harvard

É muitíssimo comum, no meio espírita, a utilização do vocábulo **carma**, originado do sânscrito.

Também não é menos corriqueiro entender-se como tal, uma reação fatalista, inflexível e invariável, não adequada à compreensão espírita da lei de causa e efeito, regente das ações dos Espíritos e suas repercussões anímicas.

Particularmente, prefiro utilizar-me do termo **doença reativa** (estado reativo) e proponho uma classificação didática dos processos morbosos, doentios, quanto à sua origem temporal:

4.1 – Doenças reativas tardias

São aquelas em que a causa do atual desequilíbrio está situada em uma encarnação anterior e se traduz por uma alteração anatomofisiológica (da forma e da função corporais) herdada, em nível macro, micro ou mesmo neuroquímico, podendo, por sua vez, ser evidenciada logo, por ocasião do nascimento, ou ao longo da vida como uma fragilidade setorial da organização psicofísica (predisposição orgânica a determinada doença).

A diferença para o que compreende como carma é que, nos casos de predisposição a uma determinada patologia, o paciente não necessariamente adoecerá, ficando muito frequentemente ao sabor de sua atitude diante da vida, de seu comportamento e da sua educação naquele ponto que lhe resultou vulnerabilidade funcional do corpo, a partir das dissonâncias vibratórias do perispírito.

Por exemplo, suponhamos que o paciente nasça com uma predisposição aos estados depressivos. Em sua pauta de vivências e enfrentamentos existenciais com fins evolutivos, ele se defrontará com situações que exigirão dele paciência, humildade, confiança, fé em Deus e fé na vida. Se assim conseguir reagir, não adoecerá; do contrário, em algum instante, cairá enfermo.

A nossa imperfeição resulta, mais comumente, no estabelecimento da doença que nos terá muito a ensinar, se o permitirmos.

Então, o paciente herda do seu passado espiritual as dificuldades atuais e a necessidade do enfrentamento dos resgates educativos.

Dessa maneira, ao reencarnarmos, a herança espiritual, aflorada por alterações perispiríticas (modelo organizador biológico), por afinidades estará relacionada com a herança biológica.

4.2 – Doenças reativas mediatas

Neste caso, o distúrbio se origina na vida mesma em que se manifesta. São os casos de má utilização dos sistemas pela busca desenfreada do prazer ou pelo egoísmo.

São quadros patológicos, enfermados, derivados

dos desvios da conduta, das emoções e dos sentimentos na atualidade.

Esclarecem os Espíritos, em *O Evangelho segundo o Espiritismo*[19], serem as ásperas aflições com que nos deparamos ao longo de uma existência corporal, **em sua grande maioria**, de causa atual, processada na vida presente.

Em outras palavras: **continuamos a promover a dor e o sofrimento em nós mesmos e ao nosso derredor.**

4.3 – Doenças comportamentais

Estas compõem um subtipo das reativas mediatas e simplesmente são determinadas pelo comportamento em desalinho com a natureza. O paciente adota posturas e condutas em seu dia a dia, que ou excedem as funções somáticas ou submetem os setores da economia orgânica a sobrecargas desnecessárias e irresponsáveis, a envenenamentos crônicos e a desgastes profundos.

Os vícios químicos, a alimentação inadequada, o uso equivocado das diversas funções orgânicas, a falta de previsibilidade, o descompromisso com a saúde etc. constituem seus exemplos mais relevantes.

---

[19] KARDEC, Allan. – *O Evangelho segundo o Espiritismo*. Cap. V: 04, 05. Editora EME: Capivari-SP.

4.4 – Doenças psicossomáticas

Aqui o que se tem é uma imensa dificuldade de lidar com as próprias emoções e sentimentos. O ser não consegue compreender certas nuanças íntimas nem se defender das impulsividades, das pulsões, ora deixando-se levar desenfreadamente por elas, ora tentando refreá-las sem a devida reposição energética, criando graves dissonâncias fluídicas com repercussões sobre toda a economia psicofisiossomática.

Há, nesses casos, uma gritante incapacidade de gerenciar as emoções.

O egoísmo, a vaidade e o orgulho encontram-se na base dos diversos estados emocionais mal conduzidos.

5. Enfermidades da alma

Todas as doenças têm, em tese, repito mais uma vez, **causa no Espírito**. Isto pode, para algumas pessoas, parecer exagero, mas não tenho dúvida de que até mesmo uma "gripe" decorre de questões do espírito.

– *"Mas não sabemos que a gripe é causada por um vírus?!! Então, como aceitar tal afirmativa como verdadeira?* – exclamarão muitos."

Ora, por que motivo não adoecemos invariavelmente ao mantermos um contato mais próximo com pessoas infectadas pelo vírus gripal?... E por que, às vezes, muito embora sem ter tido contato algum com pessoa gripada, ainda assim, sobrevém-nos a doença em sua forma mais intensa? A essa pergunta, responderão alguns:

– "*Simples! Por causa de um momento de baixa resistência orgânica. São as oscilações do sistema imunológico.*"

A resposta está correta, mas a ciência já comprova que os estados emocionais estão diretamente relacionados com essas oscilações: sentimentos e comportamentos emocionais positivos melhoram a performance do sistema de defesa do nosso organismo, dando-se exatamente o contrário, quando nos envolvemos com o ódio, a mágoa, o ressentimento, a tristeza, o mau humor etc.

É a própria pesquisa científica em nossos dias que caminha a passos largos para essa comprovação, já acenando com resultados expressivos.

Isso tudo vem sendo reforçado por um novo ramo do conhecimento médico denominado **psiconeuroimunologia**, definido pelo Dr. Geraldo José Ballone[20], em seu livro *Da emoção à*

---

[20] Médico psiquiatra, vice-presidente da Associação Paulista de Psiquiatria Clínica. Coordenador da PsiqWeb (www.psiqweb.med.br).

lesão[21], como sendo:

"*O estudo da interação e comunicação entre a mente e os três sistemas responsáveis de manter o organismo equilibrado: **o sistema nervoso, o imune e o endócrino**.*"
(Grifo meu).

Em linguagem espírita, podemos entender ou conceituar: a relação do Espírito (mente) com os sistemas orgânicos, pois é ele quem pensa, quem sente e quem tem emoções.

Entre os sentimentos negativos mais prejudiciais para a nossa saúde destacam-se a raiva e a ansiedade, como explica o Dr. Ballone:

"*Já existem conhecimentos suficientes para afirmar que as emoções positivas potencializam a saúde, enquanto as emoções negativas tendem a comprometê-la. (...) Entre as diversas emoções com respostas fisiológicas importantes, a **ansiedade** e a **raiva** parecem ser as mais importantes.*"[22]

E prossegue o Dr. Ballone, na obra citada:

"*Dedica-se à pesquisa das relações entre as emoções e a imunidade uma parte bastante nova da medicina: a **psiconeuroimunologia**. (...) Segundo as*

---

[21] BALLONE, Geraldo José; PEREIRA NETO, Eurico & ORTOLANI, Ida Vani. – *Da emoção à lesão*. Ed. Manole: Barueri-SP.
[22] Idem, ibidem.

> *pesquisas, os acontecimentos estressantes processados através da cognição da pessoa, ou seja, através do sistema de crenças e valores próprio de cada indivíduo, podem originar sentimentos negativos de cólera, raiva, depressão, falta de defesas e desesperança. As pessoas com esses sentimentos são consideradas possuidoras de **índice emocional negativo**[23]." (Grifos meus).*

A psiconeuroimunologia, já vimos, tem demonstrado agirem os estados emocionais e os sentimentos mal conduzidos na determinação de uma disfunção dos sistemas de defesa do organismo, predispondo-o a inúmeras doenças, desde as infecciosas às degenerativas; da gripe ao câncer.

Portanto, qualquer que seja a **patologia**, a enfermidade, exceto aquelas decorrentes do verdadeiro desgaste natural pelo uso coerente e sóbrio da matéria (raras em nossos dias), encontraremos a sua gênese na imaturidade, ignorância, imperfeição ou maldade circunstanciais e momentâneas do Espírito, o que nos faz concluir sobre a nossa responsabilidade nos processos mórbidos que nos acometem e, ao mesmo tempo, nos alenta com a possibilidade de fomentarmos a saúde a partir do nosso encontro com Deus e com nós mesmos, Espíritos imortais em trânsito evolutivo.

---

[23] Esse *índice emocional negativo* estaria relacionado com maior potencialidade de adoecimento, de acordo com o tipo de personalidade e com a sua conduta na vida.

EMOÇÕES NA VIDA

John Watson (1878-1958), psicólogo norte-americano, criador da Escola Behaviorista da Psicologia, afirmava que somos dotados de três emoções inatas e primárias: o medo, a raiva e o amor.

A partir desses sentimentos básicos, desenvolveríamos os demais.

As emoções, sabemos, dão um colorido todo especial à vida psíquica e já é científico afirmar que não se pode escondê-las, ignorá-las, agir como se não existissem; em outras palavras não se pode reprimi-las sem pagarmos tributo de consequências nefastas e dolorosas.

As emoções não são ruins em si e, mesmo aquelas que denominamos negativas, causadoras de vivências desagradáveis, são muito importantes nas circunstâncias específicas. Imaginemos o medo. Se não o sentíssemos, sucumbiríamos facilmente ante os perigos naturais e até não naturais, pois é exatamente pelo medo que recuamos ante o perigo e resguardamos a nossa vida biológica. Da mesma forma, a raiva tem uma razão de ser e ninguém há que não a experimente.

O que não se pode é deixar que essas emoções negativas tornem-se continuadas em nosso sentir e se cronifiquem em nossas relações.

Em outras palavras: o ideal é que as usemos unicamente como motivo de proteção, sem que as mantenhamos no dia a dia, como sombra psíquica.

Mas existem outras emoções negativas mais elaboradas, originadas nestas primárias, que teimam em tomar-nos e estreitar-nos em seu seio: ódio, mágoa, ressentimento, tristeza...

Enquanto não conseguimos deixar de ser afetados por elas, salutar é que aprendamos a dar-lhes emprego e curso positivos como, por exemplo, usar a agressividade para a proteção do mais fraco ou como fazem os cirurgiões – pelo menos em sua maioria – que aproveitam o seu potencial de agressividade para curar os enfermos.

O evangelho *segundo o* espiritismo

ALLAN KARDEC

II - Evangelho e Ciência

II
EVANGELHO E CIÊNCIA

Convenhamos que, quando o Mestre da Galileia nos conclama ao amor, ao desprendimento dos bens terrenos, ao amor aos inimigos e ao perdão, como atitudes de felicidade, ele não apresenta uma proposta meramente ético-moral ou de saúde espiritual, mas uma proposta de saúde global.

Pois vemos, em nossos dias, acenar a ciência e os cientistas, muito embora prevalentemente agnósticos, com uma orientação semelhante para se lograr ser feliz.

Assim, quando Jesus nos conclama ao amor, prescreve-nos receita capaz de curar todos os nossos males.

1. O amor aos inimigos

Jesus, o excelso Médico das almas, convoca-nos, em seu Evangelho à vivência do amor e à prática do perdão.

"Amai os vossos inimigos, fazei bem aos que vos odeiam e orai pelos que vos perseguem e caluniam."

Ainda hoje costuma-se considerar uma utopia amar os inimigos e se crê que somente Jesus estaria em condições de perdoar as ofensas. Porque – diz-se comumente – mesmo que se esteja disposto a perdoar, há uma reação até mesmo de base orgânica, uma rejeição ao ofensor, um mal-estar ante sua presença. Ao Espiritismo coube esclarecer, fazer luz sobre a questão em pauta, por trazer a chave que nos abre a porta dos evangelhos ao entendimento.

A dificuldade para amar os inimigos baseia-se não apenas nas nossas imperfeições – apesar de sua importância –, mas também no fato de não compreendermos que o amor, neste panorama evolutivo, encontra-se em fase de desenvolvimento. Com esse sentido, é que a Lei Natural nos posiciona na vida em condições de experimentar este sentimento em suas múltiplas facetas (amor conjugal, amor paterno-maternal, amor filial, amor fraternal...), para, com o tempo, efetuarmos a síntese que nos conduzirá ao amor incondicional, cujo maior exemplo, em nosso mundo, concentra-se na figura doce e ao mesmo tempo austera de Jesus de Nazaré.

"*Amar aos inimigos*" – ensina-nos, por sua vez Allan Kardec, em *O Evangelho segundo o Espiritismo*[24], – "*não é ter por eles uma afeição que não é natural, uma vez que o contato de um inimigo faz bater o coração de maneira inteiramente diversa que o de um amigo. Mas é não lhes ter ódio, nem rancor, nem desejo de vingança. É perdoar-lhes sem segunda intenção e incondicionalmente pelo mal que nos fizeram.*"

Então, a aparente impossibilidade de amar os inimigos está mais no fato de possuirmos uma palavra única para expressar um sentimento que se encontra em construção em nós e entre nós e que, por isso mesmo, ainda se apresenta sob vários aspectos, pois é bastante óbvio que, por enquanto, não reunimos as condições de amar indistintamente a todos, o que não implica sermos incapazes de vivenciar este sentimento em suas diversificadas vertentes, nuanças e variáveis.

O desamor, o ódio, o ressentimento, a mágoa são elementos emocionais que clamam neutralização pelo amor, em aprendizado em favor do nosso bem e da nossa saúde.

---

[24] KARDEC, Allan. – *O Evangelho segundo o Espiritismo*. Editora EME, Cap. XII, item 03: Capivari-SP.

2. O perdão das ofensas

Certa vez, Jesus fazia preleção aos seus discípulos sobre o perdão, como de costume utilizando a sua "pedagogia do cotidiano":

"Se teu irmão pecar contra ti, vai e corrige-o entre ti e ele somente; se te ouvir, ganho terás o teu irmão.[25]"

Pedro, o valoroso apóstolo, sincero e impulsivo – tudo indica vivenciando alguma mágoa e ressentimento decorrente de injúria, pois não era incomum o desentendimento entre os próprios discípulos – pergunta-lhe de pronto:

"Senhor, quantas vezes poderá pecar o meu irmão contra mim, para que eu lhe perdoe? Será até sete vezes?![26]"

O intrépido líder do movimento cristão que se estruturou logo após a morte de Jesus, já sabia antecipadamente que o perdão deveria ser a reação natural do homem de bem diante das agressões; tanto isso é verdade que usou o número cabalístico "sete", que não expressa aqui de forma alguma o seu valor absoluto, mas sugere uma ideia numérica elevada, tendente ao infinito.

Mesmo assim, Jesus ainda hiperboliza com a seguinte resposta:

"Não te digo que até sete vezes, Pedro, mas que até

---
[25] Mateus, 18:15.
[26] Mateus, 18:21.

setenta vezes sete.[27]"

3. O "Pai Nosso" e o perdão

Solicitado a ensinar-nos a orar, o Mestre Galileu presenteia-nos com o *Pai Nosso*[28], modelo de prece que é um primor pelo seu conteúdo ao mesmo tempo profundo e simples, estético e eloquente, magno e conciso.

Na parte final da oração do *Pai Nosso*, todos o sabemos, Jesus sugere-nos supliquemos o perdão de Deus para as faltas que tenhamos cometido, lembrando-nos, porém, a condição para termos direito ao perdão: a sua prática quando das ofensas dos outros!

E para não dar margem aos nossos enganos, ele comenta ainda, após legar-nos a oração:

"Porque se vós perdoardes aos homens as ofensas que tendes deles, também vosso Pai Celestial vos perdoará os vossos pecados. Mas se não perdoardes aos homens, tampouco vosso Pai vos perdoará os vossos pecados.[29]"

Com isso, Jesus alerta-nos que o perdão de Deus está condicionado à Sua Lei que a tudo regula, ou seja,

---

[27] Mateus, 18:22.
[28] Mateus, V: 09-13. KARDEC, Allan. – *O Evangelho segundo o Espiritismo*. Cap. XXVIII, item V. Editora EME: Capivari-SP.
[29] Mateus, V:14, 15.

o Seu perdão não é uma atitude de quem se considerou lesado por outro, mas a oportunidade renovada.

Para não sofrermos as consequências dos nossos destemperos, urge aprendamos a perdoar, até mesmo porque somos Espíritos reencarnados com um passado palingenésico, mas também com um futuro. Caso não logremos perdoar no momento da convivência reencarnatória, estaremos atados, presos ao oponente, em reencarnações retificadoras, reparadoras, sofrendo-lhe, por vezes e frequentemente semelhante agressão. Isso podemos depreender da passagem evangélica que se segue:

"Reconcilia-te sem demora com o teu adversário, enquanto estás a caminho com ele, para que não suceda que ele te entregue ao juiz, e que o juiz te entregue ao seu ministro, e sejas mandado para a cadeia. Em verdade te digo, que não sairás de lá, enquanto não pagares o último ceitil.[30]*"*

A Lei Natural encarrega-se de nos conduzir ao encontro das nossas necessidades ao longo da fieira reencarnatória.

Conta-se, no Movimento Espírita Brasileiro, que o saudoso médium Francisco Cândido Xavier, sobre esta passagem do perdão das ofensas inquirido por Pedro, indagou ao seu mentor espiritual Emmanuel:

"Emmanuel, então se devem perdoar as ofensas por

---

[30] Mateus, V: 25, 26. KARDEC, Allan. *O Evangelho segundo o Espiritismo.* Cap. X: 05, 06. Editora EME: Capivari-SP.

quatrocentas e noventa vezes?...", ao que o Espírito respondeu:

"Cada ofensa, Chico! Cada ofensa!"

4 - ESpiritismo e perdão – Consequências do ódio no Além

Vimos, há pouco, os ensinamentos morais e espirituais contidos nos Evangelhos de Jesus, com que, se refletirmos mais atentamente e procedermos a uma exegese pautada nos princípios espíritas, apreenderemos sua justeza e necessidade, inclusive em relação ao ato de perdoar.

Mas o Espiritismo, a partir da Ciência Espírita, vem, além de comprovar a imortalidade da alma, descortinar-lhe a vida no Além e assim também as repercussões de seu comportamento na vida de após a morte do corpo.

Através das relações mediúnicas bem orientadas e conduzidas, tomamos conhecimento das diversas condições dos Espíritos após a desencarnação.

4.1 – O ódio para além do túmulo

Espíritos que entretecem ódio, mágoa e ressentimento adentram a vida espiritual com dificuldades sem conta, de modo que, a depender de sua sintonia mental são atraídos magneticamente para regiões criadas pelos desalinhos, de acordo com a situação de cada um. Quando se arrependem, conseguem perceber o amparo e o apoio misericordioso da Espiritualidade Amorosa; do contrário, chafurdam nas mãos de Espíritos com que se afinizam, sofrendo--lhes a perseguição.

De outras vezes, aproveitam-se de sua condição de invisibilidade para perseguirem supostos inimigos, permanecendo imantados mentalmente a esses outros. Não são incomuns as obsessões que se perpetuam séculos após séculos, aguardando que uma das partes rompa definitivamente tais laços de ódio, dor e sofrimento, pela prática do perdão.

Então, contam-nos os Espíritos, que se comunicam através da mediunidade, as dolorosas situações, as múltiplas aflições, os desequilíbrios, o monoideísmo, a ideia fixa da sede de vingança. Ao longo das fieiras reencarnatórias, sucedem-se as vinganças e o ódio.

Com o objetivo de ilustrar com um caso essas situações obsessivas, relato, a partir de agora, uma comunicação mediúnica que se deu em nosso grupo mediúnico, em uma atividade que iniciamos de tratamento espiritual de pacientes com transtorno do pânico.

Os pacientes eram convidados a recolherem-se, próximo ao horário da reunião, em oração em suas residências e, se possível, entregarem-se ao sono. Vejamos a seguir o acontecido.

4.2 – Um caso de doença do pânico

Certa vez, manifestou-se um Espírito através de um médium e, pouco a pouco, ficou evidenciado para todos os trabalhadores presentes, de acordo com as suas queixas, que passava por grande sofrimento. Dizia que há pouco tempo, aparecera-lhe uma situação em que o medo era vivenciado de maneira desproporcional e, às vezes, sem motivo aparente, na forma de crises, que se tornavam cada vez mais frequentes.

O doutrinador procedeu, conforme já havia sido convencionado, como se fora um Espírito desencarnado, pois que ali se encontrava para tratamento na condição de Espírito emancipado (parcialmente emancipado do corpo).

A condução desaguou em indução regressiva a vivências passadas quando passou a descrever situação em que, como chefe de beduínos, no Oriente, enviara seus homens a prender uma mulher para explorar-lhe a sexualidade.

A jovem mulher, no entanto, fora aprisionada com seu filho, uma pequena criança. Indagado sobre o que fazer com a criança, ordenou que lhe retirassem a vida. Após estuprar a mulher, pelo fato de não haver cedido de boa vontade aos seus caprichos, ele mesmo tirou-lhe a vida.

Retornando à personalidade atual, o paciente

lembrou que a mulher assassinada era sua esposa agora e que esperava um filho, a mesma criança (Espírito) que cruelmente fizera assassinar. Identificava o eclodir da enfermidade com a gravidez da esposa e cria que seu quadro resultava de um receio que lhe assomava à mente em relação a uma possível reincidência violenta contra aquele Espírito que renasceria, muito embora não lhe nutrisse nenhum sentimento negativo e, até pelo contrário, se havia alegrado de recebê-lo.

Imediatamente após essa comunicação mediúnica, apresentou-se um Espírito extremamente rancoroso, endurecido e revoltado, afirmando-se seu perseguidor, ao mesmo tempo em que esbravejava contra Deus, por não entender o Seu senso de justiça que entregara "sua mulher" e "seu filho" nas mãos do próprio assassino. Estava interessado em vingar-se do inimigo, pois não fora capaz de perdoar-lhe a violência perpetrada contra o seu lar e contra ele próprio, e, ao mesmo tempo, se esforçava para provocar a morte da ex-esposa e do ex-filho, imaginando que agora que os encontrara, levá-los-ia consigo para o Além.

Então, ficou patenteado que o paciente portador do transtorno do pânico, além das causas anímicas para o desabrochar da enfermidade, sofria a ação perniciosa do obsessor. Este, por sua vez, sofria terrivelmente pelo fato de não haver perdoado!

Quando se iniciou esse doloroso embate? Quantas vezes, já se vinham revezando aqueles dois Espíritos, ao longo das reencarnações redentoras, nos papéis de obsessor e obsidiado?

A resposta somente Deus e seus obreiros poderiam dar. Mas, sem nenhuma dúvida, o ódio, a mágoa, o desejo de vingança mantinham a chama da tortura anímica nesses pobres companheiros de jornada terrena.

Quanto de dor não se consegue estancar com a atitude ímpar e decisiva do perdão, que se mostra como a única e definitiva solução para a imensa maioria dos males que arruínam os relacionamentos humanos entretecidos ao longo dos séculos?!!!

4.3 – Um caso de xifopagia

No caso de os Espíritos desperdiçarem sistematicamente as chances de aproximação e oportunidades oferecidas pela Providência Divina, através das experiências reencarnatórias, para a libertação do ódio recíproco, a fim de retomarem o crescimento espiritual, a Lei Divina encarrega--se de ajuntar, de maneira drástica,

Xifópagos

aqueles Espíritos insubmissos ao perdão, que insistem em perpetuar os laços do ódio e do desamor, por meio de dolorosas e extremadas experiências retificadoras, como por exemplo no compartilhar de um único corpo, tal qual ocorre com grande percentual dos gêmeos xifópagos[31].

O Espírito Humberto de Campos, sob o pseudônimo de Irmão X, em psicografia através do saudoso médium mineiro Chico Xavier[32], conta-nos acerca de uma jovem em início de gravidez que mantém uma luta mental com o Espírito posto pela Providência Divina como seu filho.

A mãe, não suportando a ideia da gravidez, por sentir-se limitada em seus anseios de beleza e de liberdade, sustenta a vontade de provocar o aborto, enquanto o filho, em Espírito, suplica-lhe constantemente, em diálogo surdo de mente para mente, recebê-lo, protegê-lo, apelando para as necessidades recíprocas do encontro na carne.

Após algum tempo vivenciando esse diálogo íntimo diuturnamente, a jovem decide e pratica o aborto, expulsando aquele corpo imaturo, esperança para o postulante à reencarnação.

O Espírito abortado revolta-se e desenvolve

---

[31] Crianças que nascem compartilhando um mesmo corpo, presas uma à outra através de alguns segmentos corporais ou, até mesmo, compartilhando um mesmo órgão, às vezes vital. São assim designadas porque um dos pontos frequentes dessa ligação é a ponta do osso esterno, designada por **apêndice xifoide**, localizado no centro e na frente do peito.

[32] XAVIER, Francisco Cândido/CAMPOS, Espírito Humberto de. – *Contos e apólogos*, Cap. 11. FEB: Brasília-DF.

imenso ódio, mágoa e rancor por aquela que viria a ser sua mãe, perseguindo-a e levando-a à desencarnação precoce.

Passemos a palavra a Humberto de Campos para que nos descreva o desequilíbrio de ambos no mundo espiritual:

"Desprovidos do invólucro carnal, projetaram-se no espaço, gritando acusações recíprocas.

Achavam-se, porém, imantados um ao outro, pelas cadeias magnéticas de pesados compromissos, arrastando--se por muito tempo, detestando-se e recriminando-se mutuamente...

A sementeira da crueldade atraíra a seara do ódio. E a seara do ódio lhes impunha nefasto desequilíbrio."

Após grande tempo vivendo essa dolorosa relação, são agraciados, sob a intercessão de um Espírito amigo, com a bênção da reencarnação.

Ao tomarem pé na nova vida, se apercebem ligados por um mesmo corpo, em quadro clínico de xifopagia.

III - SAÚDE X RESSENTIMENTO (RAIVA, ÓDIO, MÁGOA)

III
SAÚDE X RESSENTIMENTO
(RAIVA, ÓDIO, MÁGOA)

Imagine-se, caro leitor, chegando atrasado pela manhã ao trabalho e sendo avisado que o seu chefe deseja falar-lhe imediatamente. Logo você se vê diante dele que o aborda de forma intolerante e grosseira. Destaca-lhe defeitos e falhas, recrimina-lhe atitudes no desempenho profissional e fecha "o sermão" censurando-lhe o atraso.

Enquanto ele lhe fala tudo, desenvolve-se uma série de alterações no seu organismo, pois que você se sente de alguma forma ameaçado. O seu corpo, como o de qualquer um outro animal um pouco mais complexo em sua anatomia e função, desencadeia uma reação que foi estudada e descrita pelo médico e fisiologista norte-americano, Walter Cannon[33] (1871-1945), conhecida como "Reação de fuga ou luta" ou simplesmente "Reação de Cannon". Essa reação objetiva preparar o animal, do ponto de vista anatômico, funcional e emocional, para reagir diante de um perigo iminente.

Na selva, na presença do predador, o animal tem acionado o seu sistema de defesa para preservar a vida.

Nós somos Espíritos, mas nosso corpo é um animal, um ser biológico, e é por isso que, ante a hostilidade do seu chefe, entendida por você (Espírito) como uma ameaça à sua integridade individual, ele reage da mesma forma como se fora um perigo de vida objetivo, como por exemplo, a possibilidade de, ao atravessar-se a rua ser atropelado por um automóvel em alta velocidade que buzina subitamente.

1. Estresse, emoções negativas e saúde

Ali, naquele momento, diante da admoestação, na

---

[33] Walter Bradford Cannon, médico e fisiologista norte-americano, estudou na Universidade de Harvard, onde depois foi professor e chefe do departamento de fisiologia (1906-1942). Realizou pesquisas sobre a digestão e os sistemas nervoso e endócrino. Autor da Teoria da Síndrome de Emergência – Reação de Fuga ou Luta (*"to fight or to flight"*).

sala do seu chefe, desencadeia-se uma sequência de alterações, preparando-o para lutar ou fugir. É claro que, apesar de sua vontade de reagir impulsivamente, não ficaria bem você sair em disparada e muito pior seria se você se engalfinhasse com ele...

Então, você ouve tudo atentamente, mas no seu organismo processam-se, de imediato, as seguintes alterações:

a) Intensa palidez cutânea.

b) Aumento da pressão arterial.

c) Aumento dos batimentos cardíacos (taquicardia).

d) Aumento da frequência respiratória (taquipneia).

e) Aumento da glicose sanguínea (hiperglicemia).

f) Aumento dos hormônios de estresse (adrenalina, noradrenalina, cortisona etc.).

g) Priorização de sangue para os órgãos vitais e músculos.

Esse estado tem curta duração, mas, algum tempo depois, ao relembrar todo o processo acontecido na sala do seu chefe, é como se você vivesse ainda uma vez toda aquela situação aflitiva.

Como o seu organismo não sabe fazer a diferença entre um acontecimento presente, vivenciado agora, e um acontecimento passado, ele mais uma vez se prepara para a fuga ou a luta e todas aquelas modificações se repetem.

Em casa, à noite, ao deitar, você ressentido com o seu chefe – que agora é visto por você como um obstáculo, talvez até mesmo como um inimigo – rememora tudo mais uma vez e mais uma vez, o seu corpo detona a tal da reação de emergência.

Ora, essa reação é benéfica e de vital importância para a manutenção da vida, permitindo-lhe agir e reagir satisfatoriamente, para o enfrentamento de situações capazes de determinar um risco palpável à sua integridade física, inclusive com risco de vida.

São suas principais características e funções:
Sobrevivência, efemeridade e relações com o medo, a agressividade e a hostilidade.

Agora imagine não haver conseguido libertar-se emocionalmente de tudo o que lhe foi dito por seu chefe (o que é bastante comum em nosso momento evolutivo) e que, ainda por cima, se mantém ressentido, magoado mesmo com ele, relembrando com alguma frequência o acontecimento traumático.

Nesse caso, a reação natural e imprescindível à sobrevivência passa a ser nociva e passiva de determinar-lhe um desequilíbrio fisiopsicossomático, com o estabelecimento de um quadro enfermiço.

Isso está muito bem documentado e aceito cientificamente, a partir dos estudos do endocrinologista austríaco, depois radicado no Canadá, Hans Selye[34]

---

[34] Hans Selye (1907-1982) - médico endocrinologista austríaco,

(1907-1982), que descortinou as reações deletérias do estresse continuado sobre a organização física.

Hoje, aceita-se perfeitamente que há repercussões negativas relevantes sobre o sistema imunológico, reduzindo-lhe a função e determinando o aparecimento de várias enfermidades.

Em outras palavras, a mágoa, o ressentimento, a raiva e outras emoções negativas, se mantidas por tempo mais prolongado, findam por repercutir negativamente sobre a saúde, em demonstração inequívoca da participação das emoções na origem das doenças.

O Dr. Redford Williams[35], da Universidade de Duke, em seu livro de *The trusting heart*[36] (*O coração confiante*, em tradução livre), estudando pacientes com diagnóstico psicossomático de "Personalidade

---

radicado no Canadá. Foi professor e diretor do Instituto de Medicina e Cirurgia Experimental da Universidade de Montreal, Canadá. Criou o conceito de estresse e desenvolveu estudos sobre a sua repercussão na função orgânica, demonstrando a possibilidade de adoecimento pelo estresse negativo prolongado em um quadro clínico que denominou de "Síndrome geral de adaptação".

[35] Médico formado na Universidade de Harvard, professor de psiquiatria e de psicologia da Universidade de Duke, Diretor do Centro de Pesquisa de Behaviorismo na Medicina na mesma Universidade. Autor ou coautor de dez livros e conhecido por sua pesquisa que documenta o papel da hostilidade e da raiva como fator de risco para a doença coronariana.

[36] Apud CASARJIAN, Robin. – *O livro do perdão*. Trad. de Pedro Luiz Vasquez Ribeiro. Cap. 11, pág. 211. Editora Rocco: Rio de Janeiro: RJ.

do Tipo A"[37], conclui:

> "(...) *Parece claro que estar com pressa e ser ambicioso não põem isoladamente o paciente em risco de sofrer um ataque cardíaco ou morrer de doenças coronárias. (...)* **A hostilidade, a raiva e suas consequências biológicas são a parte tóxica do comportamento do Tipo A..."** *(Grifo meu).*

O Dr. Geraldo José Ballone[38] conclui, em seu livro *Da emoção à lesão*:

> "*São muitos os experimentos que atestam a expressiva influência das emoções no sistema imunológico.*"

E em seu site Psiqweb, esclarece-nos:

> "*As catecolaminas (adrenalina e noradrenalina) afetam as reações imunológicas, seja por reação fisiológica, como, por exemplo, a contração do baço, seja por estímulo celular através de receptores específicos (adrenérgicos) na membrana celular.* **O certo é que o aumento das catecolaminas inibe as respostas de anticorpos. E as catecolaminas**

---

[37] Pessoas ambiciosas, apressadas, imediatistas, hostis e com tendência a ter e a manter estados de raiva no dia a dia.
[38] Opus cit., pág. 92.

podem ter sua liberação condicionada a fatores neuropsicológicos." (Grifo meu).

O Dr. Bernie Siegel informa, em seu livro *Amor, medicina e milagres*[39], também no que respeita à relação entre emoções e imunidade, que:

"A composição dos hormônios liberados pelas glândulas suprarrenais, em consequência da reação de fuga ou luta, suprime o sistema imunológico. O sistema era perfeito para se haver com as ameaças ocasionais que as feras obrigavam nossos antepassados a enfrentar." (Grifo meu).

E, destaca, conclusivo:

"Temos hoje provas experimentais de que 'as emoções passivas', como os desgostos, o sentimento de fracasso, bem como a cólera reprimida, levam à secreção excessiva desses mesmos hormônios, o que invalida o sistema imunológico." (Grifo meu).

2. EMOÇÕES NEGATIVAS E CÂNCER

Já de algum tempo, dados empíricos vêm

---
[39] Opus cit., pág. 91.

sugerindo pelo menos a presença de um fator psicossomático em pacientes que desenvolvem tumores malignos, assim como a sua importância na evolução desses tumores.

Observavam-se, por exemplo, que cônjuges que enviuvavam, adoeciam com maior frequência e, em muitas situações, desenvolviam quadros neoplásicos com elevado grau de malignidade, desencarnando em tempo curto.

Também se percebia, na prática, maior vulnerabilidade às infecções, em grupos de pacientes com quadros de tristeza ou cólera um pouco mais prolongada e, às vezes, até mesmo em problemas emocionais agudos.

Atualmente, as experiências científicas vêm confirmar aquilo que a prática clínica do cotidiano já sugeria.

O Dr. Carl Simonton e a Dra. Stephanie-Matthews Simonton, pioneiros nos estudos que relacionam a emoção com a doença neoplásica maligna, ensinam que o nosso organismo origina células cancerosas com frequência, mas que há uma vigilância natural do sistema imunológico a identificar prontamente e a destruir estas células, impedindo-lhes a proliferação e subsequente formação dos tumores.

Para esses pesquisadores, nos casos de câncer vamos encontrar uma incompetência desse sistema na identificação daquelas células alteradas, relacionando o fato aos distúrbios emocionais. Segundo eles, os hormônios de estresse que são produzidos nos estados de raiva e de ressentimento, quando se mantêm por tempo prolongado seriam os responsáveis pela falha imunológica.

Estudando a personalidade de pacientes que desenvolvem câncer eles concluem:

"Uma inclinação a guardar ressentimentos e uma marcada incapacidade para o perdão são a característica psicológica chave das pessoas com tendência ao câncer."[40]

Obviamente nem todas as pessoas que são acometidas por essas enfermidades estarão enquadradas no referido perfil psicológico, assim como nem todas que o apresentam, desenvolverão a doença, pois é preciso levar em consideração os outros fatores, inclusive a predisposição orgânica que, como já visto, herdamos de nós mesmos, através do perispírito, pela lei biológica da reencarnação.

Sobre esses estudos com a emoção, também encontramos referência no livro já citado do Dr. Geraldo José Ballone, *Da emoção à lesão*:[41]

"*Sabe-se que no sangue as células (linfócitos) chamadas de 'natural killers' - NK, têm a função*

---

[40] Apud CASARJIAN, Robin. – *O livro do perdão*. Trad. de Pedro Luiz Vasquez Ribeiro. Cap. 11, pág. 210. Editora Rocco: Rio de Janeiro:RJ.
[41] Opus cit., pág. 268.

> *de vigiar a existência de qualquer célula anômala e proporcionar a sua pronta destruição. Essa tarefa que os linfócitos executam do nascimento até a morte é chamada **vigilância imunológica**. (...) Se eles não 'perceberem' a existência de células realmente anômalas, poderão negligenciar sua tarefa de vigilância imunológica. Nesse caso aparece o câncer."* (Grifos meus).

E sobre a personalidade com tendência a desenvolver cânceres:

> *"Os oncologistas conceituaram e delinearam uma Personalidade Tipo C, onde o risco maior seria para o câncer.(...) Nesse tipo de personalidade haveria (...): supressão das emoções e **tendência à raiva** (...)."* (Grifo meu).

PERSONALIDADES PSICOSSOMÁTICAS

A Medicina Psicossomática é o ramo da Medicina que se ocupa das enfermidades orgânicas que têm, em sua origem, uma grande participação dos processos emocionais, das dificuldades de lidar com as emoções.

Tendo surgido há cerca de 50 anos, de início somente um pequeno grupo de enfermidades era aceito como tendo gênese a partir de problemática psicológica. Atualmente, temos uma relação sempre crescente de doenças ditas psicossomáticas e, a partir do conhecimento dos mecanismos que levam aos distúrbios, já se passa a aceitar que toda doença apresenta um componente emocional.

Assim sendo, os médicos cada vez mais estão convencidos da necessidade de se abordarem clinicamente os pacientes de maneira mais global.

Nesse sentido, é útil nos utilizarmos de estudos que demonstram que alguns tipos específicos de personalidades estão relacionadas em maior ou menor intensidade, a depender também de outros fatores, com determinadas enfermidades.

Na década de 1950, os fisiologistas norte-americanos Meyer Friedman e Ray Rosenman concluíram, a partir de suas pesquisas, que podemos ter dois tipos de personalidade psicossomática: Personalidade Tipo A e Personalidade Tipo B.

Os pacientes com Personalidade do Tipo A são mais acometidos das doenças cardiovasculares, notadamente infarto de miocárdio. São suas características de destaque: ambição, competitividade, imediatismo, preocupação física e mental, dedicação ao trabalho, raiva e tensão, hostilidade.

Pacientes com Personalidade do Tipo B, são mais propensos às doenças reumáticas e apresentam os seguintes traços: tranquilos, lentos, não se comprometem com encargos que exijam imediatismo.

Mais recentemente a Dra. Lydia Temohok, da Universidade da Califórnia, criou o termo Personalidade do Tipo C para pacientes com tendência ao câncer e em que se destacam os seguintes traços: sentimentos reprimidos, dificuldade de autoafirmação, raiva contida, ansiedade e profunda desesperança.

IV - Entendendo o Perdão

IV
ENTENDENDO O PERDÃO

1. Da necessidade de perdoar

As propostas espirituais para o perdão, muito bem elucidadas pela investigação espírita, com os recursos do instrumental mediúnico, confirmam a validade dos ensinamentos de Jesus, não como uma advertência exclusivamente ético-religiosa, mas especialmente em seu sentido mais pragmático das repercussões sobre a saúde e a felicidade futura no *post-mortem*.

As ciências psicofisiológicas, como foi visto, têm dado largos passos para elucidar a repercussão dos estados psicoemocionais negativos na determinação de um sofrimento e de um mal-estar, não apenas do ponto de vista psicológico, mas inclusive com drenagem na organização somática.

Perdoar é, pois, uma necessidade de todos, independentemente do quanto se sintam lesados ou desprestigiados com a atitude negativa sofrida, porque é do seu próprio interesse, por ser uma decisão preventiva de enfermidades. Não perdoar e estacionar na frequência de desequilíbrio do ódio, da mágoa e do ressentimento, é permitir que uma ação externa tenha o poder de provocar distúrbios demorados e destruidores no interior. É o mesmo que sofrermos queimadura e permitirmos que o objeto cáustico se mantenha no agravo da queimadura provocada.

Ora, independentemente do tipo de repercussão resultante da ação lesiva recepcionada, devemos envidar esforços para promover o reparo do problema e, acima de tudo, com o fim de impedir-lhe a manutenção, neutralizar suas potencialidades ou intenções lesivas.

Não há dúvida, é bem verdade, da vigência, em nosso mundo, de um estado de grande dificuldade em efetivar o perdão; mas é preciso lembrar que esta realização independe da ingerência de qualquer outra pessoa, senão a do próprio atingido, que lhe será o principal beneficiado.

Perdoar é, assim, **uma ação pessoal, uma decisão própria, autocircunscrita, unilateral, executável, necessária** – tanto do ponto de vista espiritual, quanto psíquico, social e físico – e **capaz de favorecer uma vida mais digna**, pela compreensão de que somente somos agredidos porque nos permitimos, mercê da nossa primariedade no campo dos sentimentos e do nosso estacionamento na resposta automática do ser biológico que reage exclusivamente de forma instintiva e automática em defesa da vida orgânica.

Perdoar significa, acima de tudo, **assumir definitivamente o livre-arbítrio sobre si mesmo, construindo a paz interior**, inclusive pelo entendimento de sua condição inalienável de ser caminhante, luz em potencialidade que necessita abandonar os anteparos que a mantêm ignota e represada.

Diante de tudo isso, aportamos facilmente a uma conclusão racional:

> PERDOAR É UM ATO INTELIGENTE!
> É UMA IMPORTANTE ESTRATÉGIA DE SAÚDE!

2. O significado do perdão na prática

No entanto, apesar da apreensão intelectual e aceitação da realidade do perdão como atitude inteligente e salutar, muitos objetarão que isto, na prática, não tem maior aplicabilidade porque perdoar e esquecer as ofensas não se constituem meramente em um ato voluntário, mas acima de tudo afetivo. Em outras palavras: seria praticamente impossível manter-se impassível ante um prejuízo sério ou uma perseguição solerte, ardilosa.

Aliás, é esta dificuldade de conciliar intelecto com moral, razão com emoção, conhecimento com ação que leva Paulo de Tarso, o Apóstolo dos Gentios, a desabafar, em sua Epístola aos Romanos[42]:

> "Pois não faço o bem que quero, mas o mal que não quero, esse faço."

Já afirmei antes reconhecer a imensa dificuldade para o perdão, neste momento de evolução do homem terreno, inclusive pelo fato dos condicionamentos do passado reencarnatório, como também da educação patrocinada na atual existência de reação pura e simples, no comum, como mecanismo de defesa às agressões sofridas.

Entretanto, essas barreiras ao perdão são especialmente tidas como intransponíveis, em função do significado literal que se costuma atribuir ao esquecimento das ofensas e ao próprio perdão, como sendo atitude passiva e de incondicional indulgência ante a agressão e o agressor, tal como se nada houvesse acontecido.

---

[42] Paulo de Tarso. Epístola aos Romanos, 07: 19.

Ora, seria não ter consciência das nossas condições e limites psíquicos e existenciais exigir tal comportamento!

Perdoar, na verdade, não significa simplesmente transformar o sentimento da tempestade para a bonança, em um passe de mágica.

Perdoar é um processo, um pensar, uma busca consciente e voluntária, um caminho traçado a percorrer.

No dizer da terapeuta norte-americana Robin Casarjian, *"perdoar é uma decisão, uma atitude e um modo de vida. (...)* ***Não significa ser passivo e ficar num relacionamento que claramente não funciona para você ou que é abusivo***[43]*."* (Grifo meu).

Perdoar não é, pois, ter que obrigatoriamente retomar a relação na forma como era antes, porque muitas vezes o agressor não mostra indícios de que se melhorou (às vezes nem mesmo se arrependeu) e poderá voltar a repetir a violência perpetrada.

É evidente que o ideal é que se retomasse ou se consolidasse um relacionamento sadio, pautado na confiança e na sinceridade, satisfazendo o ensinamento evangélico[44], mas nem sempre isso é factível, até porque, dessa forma, quem perdoa estaria sempre

---

[43] CASARJIAN, Robin. – *O livro do perdão*. Trad. Pedro Luiz Vasquez Ribeiro. Rocco: Rio de Janeiro-RJ.
[44] Jesus *in* Mateus, V:25, 26.

refém de quem não deseja transformar a relação:

"Reconcilia-te sem demora com o teu adversário, enquanto estás a caminho com ele, para que não suceda que ele te entregue ao juiz, e que o juiz te entregue ao seu ministro, e sejas mandado para a cadeia. Em verdade te digo que não sairás de lá, enquanto não pagares o último ceitil."

O conselho de Jesus objetiva não apenas dar uma solução às pendências materiais, apaziguando os corações dos homens; mas especialmente conter a continuidade de seu litígio após o decesso do corpo físico, em processo obsessivo doloroso e recíproco, resultante em revezamento das posições ao longo das repetidas experiências na matéria.

É, exatamente, enquanto estamos encarnados que logramos ter a oportunidade de consolidar o sentimento do perdão, preservando-nos das reações do ódio no *post-mortem*. E, ainda que o outro contendor não se importe nem se empenhe em desfazer o estremecimento na relação, aquele que busca assumir uma posição de esquecimento das ofensas, retirando-se voluntariamente do palco das dissensões, eleva-se, ao conseguir promover sua transformação, permanecendo além das possibilidades de o outro lograr persegui-lo depois de desencarnado.

Compreendamos, no entanto – especialmente por que o perdão é atitude pessoal, intransferível e independente da aquiescência do outro –, que nem sempre se pode, na atual reencarnação, reatar a amizade ou mesmo a convivência, posto ser compreensível e direito de toda vítima, pôr-se em vigilância preventiva para contenção de renovadas investidas.

Assim, perdoar não implica necessariamente em um retorno à situação da relação pregressa, nem mesmo à obrigatoriedade de uma convivência social mais próxima, se isto não for viável. Não, isto não se lhe configura obstáculo real, uma vez que **o perdão é substancialmente uma postura íntima, um estado d'alma**.

Por outro lado, esquecer as ofensas não implica na supressão ou extinção completas da memória do fato em si, que – bem o sabemos – permanece devidamente documentado e assentado em nossos arquivos mnemônicos; inclusive porque os estudos científicos sobre a memória elucidam: as experiências vividas sob intensa emoção marcam-nos profundamente.

"Mas..." – argumentarão alguns leitores amigos – *"os Espíritos Superiores, em O Evangelho segundo o Espiritismo, não nos conclamam a perdoar as ofensas e esquecer o mal que nos tenham feito?!..."*[45](Grifo meu).

Sim, da mesma forma que Jesus nos aconselha oferecer a outra face quando agredidos![46] Isso não

---

[45] KARDEC, Allan. – *O Evangelho segundo o Espiritismo*. Cap. X, item 14. Editora EME: Capivari-SP.
[46] *"Não resistais ao homem mau. Se alguém te bater na face direita, oferece-lhe também a outra."* (Jesus in Mateus, 05:39).

implica que devamos consentir ou pedir para nos baterem outra vez, o que seria uma atitude desarrazoada, um comportamento claramente masoquista e mesmo um estímulo à proliferação do mal!

Jesus não pretendia tolher-nos no direito de defesa, mas, de outro modo, que não nos fizéssemos similares ao agressor, em atitude regida pelo instinto de defesa e pelas paixões inferiores. Era sua intenção, sim, orientar-nos a não emitir recibo de hostilidade pela hostilidade sofrida, de agressão pela agressão mas, apresentar invariavelmente a face da não violência.

Somente com esse proceder, não nos tornaremos corresponsáveis pela manutenção das labaredas do ódio e do desequilíbrio no mundo dos relacionamentos humanos, declinando de participar com o comburente dos nossos sentimentos desalinhados.

Em outras palavras, cabe-nos oferecer a outra face – **a face da pacificação** – para não nos tornarmos equivalentes ao agressor. Temos, portanto, não apenas o direito, mas inclusive o dever de nos proteger, de assegurar a nossa integridade física e moral.

O esquecimento das ofensas consiste, então, em abandonar as vivências na dimensão sabidamente nocivas daquelas lembranças obsedantes de agressão interminável. Ou seja, não repetir na mente o ataque sofrido, até porque, sempre que isto se dá, o organismo desenvolve todas as alterações

O VALOR TERAPÊUTICO DO PERDÃO

fisiológicas de defesa, da reação de fuga ou luta, com suas conhecidas repercussões psico-neuroendócrino-imunológicas, indispensáveis à promoção da sobrevivência, enquanto em situações emergenciais, mas determinantes de desgastes e danos consideráveis à saúde integral, quando cronificados e repetitivos.

Compreende-se, pois, ser imprescindível a nossa ação no sentido de evitar que venhamos a sucumbir escravizados pela agressão sofrida e pelo agressor. Mesmo porque **é pouco inteligente, mórbido e desnecessário perpetuarmos um sofrimento estéril**[47] e, mais ainda, quando entendemos ser completamente injusta a agressão.

De fato, analisando atentamente essa situação, concluiremos sem dificuldade: quando nos pomos a reviver em nossas lembranças todo o cortejo das agressões sofridas, estamos a permitir que o agressor nos atinja repetidamente.

Logo a conduta mais razoável será a de reagirmos, quando a lembrança teima em se insinuar em nosso

---

[47] A dor e os sofrimentos, em geral, são capazes de nos levar ao desenvolvimento anímico, assinalando necessidades do Espírito em processo evolutivo. Mas não deve ser mantida voluntariamente, pois perderia o seu verdadeiro sentido. É, por esse motivo, que é absurdo o comportamento masoquista que se compraz com o sofrimento. É bem verdade que, às vezes, a vida convida-nos a uma atitude estoica em favor de alguém mais necessitado, o que não é o caso geral da proposta de Jesus, nesse ensinamento evangélico.

campo mental, esforçando-nos firmemente por substituí-la de pronto, por vivências mais aprazíveis e capazes de nos favorecer o equilíbrio e a saúde. Ainda que tenhamos que iniciar uma atividade outra que nos requisite atenção redobrada.

Em nosso próprio benefício, carecemos, o mais breve possível, quebrar os grilhões que nos mantêm reféns do agressor e da agressão sofrida!

3. Obstáculos à prática do perdão

– *"Muito bem, estou realmente convencido de que perdoar é uma atitude do meu próprio interesse e que independe da participação de quem me agrediu, mas... ainda, assim, não estou conseguindo perdoar! Por quê?"*

Afirmamos e mostramos anteriormente ser o ato do perdão um processo, um modo de vida, uma estratégia a necessitar de um planejamento e de uma conduta aplicada e decidida. Para tanto, se faz exigência reconhecer os principais obstáculos que se interpõem entre a suposta vontade e os resultados positivos que se almejam.

Além daquela visão distorcida no que tange ao significado prático e comportamental do perdão, já superada – imagino eu – no presente estudo, enumeremos agora os outros obstáculos relevantes e impeditivos à sua execução, os quais devemos destacar e reconhecer:

3.1 - Egoísmo e orgulho

Os Espíritos Reveladores ensinam-nos, em *O Livro dos Espíritos*, que esses vícios anímicos constituem o maior obstáculo ao nosso progresso moral[48]. Sufocados por esses sentimentos menos dignos, resistimos violentamente (quando não disfarçadamente) ao ato de perdoar, elegendo-nos superiores aos outros, reivindicando privilégios pessoais – assim como grupais – e desconsiderando as particularidades, as nuanças, as dificuldades e os direitos dos outros.

A "Regra Áurea"[49], prescrita por Jesus e por outros tantos luminares para o progresso humano, deve ser tomada como a "pedra de toque", a nos facilitar a aferição mais justa no trato com o nosso próximo e, por conseguinte, um treinamento para o alcance da fraternidade e da humildade, e a consequente destruição do orgulho e do egoísmo.

---

[48] KARDEC, Allan. – *O Livro dos Espíritos*, Livro Terceiro, questão 785. Editora EME: Capivari-SP.
[49] *"Tudo o que quereis que os outros vos façam, fazei-o vós também a eles."* (Mateus, 05:12)

3.2 – Atavismos e instintividade

O ser humano, assim também o Espírito[50], tem, nos condicionamentos, uma estratégia para a eleição dos comportamentos adequados e indispensáveis à convivência comunitária e à preservação da vida corporal. Além disso, os instintos, notadamente os do corpo físico[51], determinam atitudes reflexas com o mesmo objetivo. Armazenamos, assim, no inconsciente, atavismos e condicionamentos do nosso pretérito evolutivo (reencarnatório) que devemos vencer e superar, substituindo estes últimos por comportamentos mais em consonância com o nosso desenvolvimento intelecto-moral e aprendendo a coordenar a instintividade biológica, a partir do uso do bom-senso, da razão e da moral, haja vista constituírem eles (os instintos) mecanismos primitivos e automáticos dos processos motivacionais naturais para a preservação da vida e da espécie.

3.3 – Compensações mórbidas

Há quem se utilize da mágoa, do ressentimento

---

[50] Conceito de *O Livro dos Espíritos*, em sua questão de número 76: "*Os Espíritos são os seres inteligentes da criação.*"
[51] Ver a resposta dos Espíritos à questão 605-A, em *O Livro dos Espíritos*.

e do ódio para tirar proveito pessoal, em uma reação do tipo sadomasoquista, com variadas tendências de polo a polo, em uma compensação doentia. Alguns se aproveitam das energias destrutivas do ódio para o estímulo às vitórias particulares; outros se servem do litígio para se manterem vinculados ao opositor[52]; encontramos, também, os que se deliciam em não perdoar, seja para a construção de um poder, seja para maltratar ou para se vingar através do expediente da resistência ao perdão.

Essas compensações costumam manter o fogo da animosidade, mas funcionam como combustível indesejável, pelos poluentes que geram, detentores de alto poder de adoecimento.

É assim como usar álcool etílico com fins energéticos para o organismo. Que o álcool é uma substância capaz de gerar energia não há dúvida, mas que os resultados da sua utilização são extremamente perniciosos não se tem dúvida menor.

4. Exercícios para o perdão

Não existe uma fórmula mágica com o poder de

---

[52] É caso muito frequente nos processos de divórcio ou separação de casais, quando um dos cônjuges usa o ódio como algo capaz de manter alguma forma de vinculação com o outro; o único laço que permite a continuidade da relação que se extinguiu.

produzir em nós a capacidade para o perdão. Cada um, porém, encerra na intimidade o **dom do perdão** (em razão da nossa essência amável e amorável), ainda que este dom se encontre momentaneamente soterrado pelo orgulho e asfixiado pelas paixões inferiores.

O fato de se haver apreendido o conhecimento e de se ter convencido da necessidade real de perdoar, a partir das provas demonstradas pelas ciências acadêmicas e espírita tocando profundamente a alma, já constitui o primeiro passo empreendido para a realização do ato de perdoar.

Sendo o perdão um processo, na forma proposta anteriormente, faz-se indispensável a elaboração de um planejamento racional e exequível. Com essa finalidade, ouso propor passos para o desenvolvimento e a parturição do dom de perdoar, sem me mover, no entanto, pretensão à infalibilidade de uma formulação mágica, mas destacando a indispensável participação ativa do candidato ao perdão, em atitude firme.

4.1 – Autoperdão

Todos somos criaturas com destinação para a felicidade. Conduzimos no imo d'alma todas as possibilidades e as potencialidades de perfeição e felicidade, simplesmente pelo fato de nos constituirmos herdeiros da Inteligência Fulgurante e Criadora de sentimentos e virtudes infinitos. Recebemos do Seu amor a vida espiritual e, com ela, todo um futuro promissor.

Em nós, dormitam latentes, as sementes da infinita força moral que esperam do nosso esforço continuado e da nossa vontade, para o seu desabrochar, impulsionando-nos e conduzindo-nos ao encontro com a Divindade.

Somos todos, sem exceção, luz em potencial, seres perfectíveis.

Na afirmativa de Jesus, confirmando ensinamento do Antigo Testamento (Salmos) nós somos deuses:

*"Não está escrito na vossa lei: Eu disse: **Vós sois deuses?**"*[53] *(Grifo meu).*

Isso significa: Somos Espíritos imortais, identificados com Deus em sua essência espiritual, de acordo com o ensinamento de João, o Evangelista[54].

Somos seres teotrópicos, isto é, gravitando inexoravelmente na direção de Deus, pois ainda quando não tenhamos despertada a consciência do futuro luminoso que nos aguarda, reagimos incessantemente ao estímulo divino de orientação infalível, rumo à felicidade real.

---

[53] Jesus *in* João, 10:34.
[54] *"Deus é Espírito e importa que os que o adoram, o façam em espírito e em verdade."* (João, 04:24).

A Inteligência Criadora, em Sua misericórdia infinita, confere-nos, no entanto, a oportunidade participativa na construção desse estado de felicidade a que somos transportados de forma continuada e compulsória.

E como chegar a essa meta? O que exatamente estamos a construir? Como saber se estamos palmilhando o caminho certo? Como aferir o acerto dos nossos passos?

Ora, o grande motivo das nossas existências é o amor. Simples e ignorantes a princípio, progredimos de experiência em experiência, desde antes de nos tornarmos Espíritos propriamente ditos*, da instintividade espiritual – estimulada pela instintividade biológica – ao exercício do amor sem jaça, do amor incondicional.

Então, na escola da vida, a aprendizagem de maior destaque é o amor. Porém, não se deve imaginar que o seu desenvolvimento faça-se dissociado dos outros aprendizados!...

Crescemos do ponto de vista da inteligência,

---

* "O **princípio inteligente** é o precursor do Espírito propriamente dito e **evolui**, sob a acão do determinismo divino, através da interacão com a matéria nos reinos mineral, vegetal e animal irracional, **até à condicão hominal**, de ser racional.

Allan Kardec, em *O Livro dos Espíritos*, deixa clara essa diferenca grafando o termo **e**spírito, relativo ao princípio inteligente, com inicial minúscula; e o **E**spírito, ser inteligente, racional, com inicial maiúscula.

Ver questões de números 23 e 76 da obra citada."

como do da moral, que estimulam o amor. E, por outro lado, apesar de ainda não estarmos habilitados para o amor em seu ponto maior, já conduzimos formas e intensidades diversas de amar, caminhos de construção desse amor maior.

O Mestre de Nazaré sintetizou toda a sua obra de educação na frase:

"Toda a lei e os profetas resumem-se em amar: amar a Deus sobre todas as coisas e ao próximo como a si mesmo."

Analisemos-lhe o ensinamento-síntese. Tudo em nossas existências resume-se simplesmente em amar. Mas o amor se orienta em três dimensões importantes: o **amor a Deus**, que nos encaminha à felicidade, na sua busca voluntária, quando vamos amadurecendo a inteligência e a moralidade; o **amor ao próximo**, que nos identifica e reúne em nossas necessidades recíprocas da vida em sociedade, forma instrumental para os nossos progressos espirituais; e o **autoamor**, resultado da nossa aceitação da vida que recebemos, mercê do amor de Deus por cada um de nós, e da certeza de estarmos fadados à felicidade, mas ainda a caminho desse objetivo final.

Essas dimensões se inter-relacionam e se intercambiam, reforçando-se, de tal maneira que, para amar a Deus (instância imponderável), é indispensável que amemos o próximo (instância objetiva); mas, por sua vez, para se amar o próximo há que se lograr amar a si mesmo (instância subjetiva).

Passamos por fases facilitadoras para o desabrochar de todas as virtudes. Então, muito no princípio da evolução anímica, o primeiro passo a se fazer é o reconhecimento da autoexistência, da própria individualidade. Isso se dá a partir do sentimento do egocentrismo, em treinamento caracterizado por nos pormos no centro das coisas, relacionando-as sempre conosco, trazendo-as para nós, sentindo-as, provando-as, construindo um subjetivismo a partir dos nossos sentidos, das experiências do sensório, com repercussões em nosso psiquismo consciente.

Estabelecida a consciência de si mesmo e desenvolvida a inteligência e a razão, passamos a entender a nossa condição de seres sociais, a partir daquilo que mais conhecemos nesse estágio: **nós mesmos**.

Assim, passamos a nos projetar na natureza e, por conseguinte, nos semelhantes, na busca de auscultar, de apalpar o real objetivo com que lidamos e, dessa forma, desenvolvermos a intuição e a percepção extrassensorial para nos lançarmos ao mundo extramaterial na busca de transcendentalidade, pela ânsia inconsciente do encontro com Deus (teotrofismo).

Obviamente que esses processos não acontecem assim exatamente separados, mas concomitantes, a despeito de uma predominância particular em cada fase. Por isso, costumamos trazer características das diversas fases.

O egocentrismo, por exemplo, amplamente desenvolvido na fase inicial, ainda nos marca e transformamo-lo, por viciação, em orgulho e vaidade, que trazem uma propositura falsa: a de nos entendermos conclusos, seres acabados, em nosso aprendizado, limitando-nos e dificultando-nos o progresso moral.

No entanto, o relacionamento com a vida e com os demais companheiros de jornada evolutiva abre-nos as vistas para as nossas diferenças e expõe as nossas carências e mazelas, confundindo-nos o pensamento individualista, egoísta, orgulhoso e pretensioso de centro do Universo, infalível e insuperável, completamente absurdos.

Além do mais, a consciência moral que toma corpo em nosso psiquismo, somatório dos comportamentos construídos nas múltiplas reencarnações, bem como na vigente personalidade, baseada na escala de valores de nossos pais, exprobram a atitude egoísta, gerando um grande conflito íntimo que resulta, com alguma frequência, em uma diminuição da auto-estima, reação ainda orgulhosa à nossa condição de seres em mutação espiritual.

Então, ante os desatinos, o mesmo orgulho e a mesma vaidade, que nos incensavam a pretensão pessoal, agem como verdugos sobre nós, em consequência da inexorável lei de causa e efeito, e nos quedamos rancorosos com nós mesmos, resultando em autodepreciação e autopunição. Esta a causa primária de muitos dos nossos sofrimentos e, inclusive, de muitos transtornos mentais, como ocorre com os casos múltiplos de depressão.

Tudo isso está diretamente relacionado com a nossa imaturidade no amor e da inconsciência do que exatamente representamos no contexto cósmico.

A Sabedoria Divina fez-nos a todos sem exceção **seres especiais**. Sim, é possível isso! Até agora, em nosso julgamento falho, temos entendido que a competição tem por fim promover um vencedor e, por esse motivo, sofremos nas tentativas de êxito aos olhos terrenos. Entretanto, todos somos, em essência, vencedores. Também não existem em todo o Universo dois seres exatamente iguais; semelhantes, sim, afinizados, com certeza, mas exatamente iguais, não! E simplesmente por causa do livre-arbítrio intransferível que recebemos e que nos torna construtores do nosso mundo íntimo, mercê da Graça Divina, o que nos orienta sempre para o Alto.

Sendo assim, urge reconheçamos em nós mesmos individualidades perfectíveis a caminho, em movimento, na direção do Criador, portadores de virtudes desenvolvidas e por desenvolver, na dialética do bem e do mal. Somente dessa maneira, conseguiremos fortalecer o autoamor e, com isso, promover o autoperdão.

Sejamos tolerantes com a nossa condição de seres em construção!

Amemo-nos, reconhecidos da presença divina em nós mesmos.

Amemo-nos, certos de, que a cada momento, sofremos mutações que nos aperfeiçoam e de que hoje somos sempre mais do que fomos ontem!

Perdoemos àquele ser imaturo de ontem, mas que foi capaz de se transformar no melhor que somos hoje e nos transportemos para o amanhã, para o futuro radioso.

Acalentemos e acarinhemos a nossa "criança interna" que chora rogando proteção; mas compreendamo-la passado, conquanto de destacada importância para a edificação do adulto mais confiante e treinado, que aprendeu a reagir positivamente aos estímulos evolutivos do mundo!

Perdoemo-nos pela fragilidade que nos caracteriza o instante evolutivo, mas jamais deixemos de vislumbrar, no espelho da alma, a criatura maravilhosa, frutificada que foi a partir de um ato de amor infindo do Criador e a despeito da nossa imperfeição.

Exterminemos de uma vez por todas as labaredas das paixões aviltantes com que nos aprisionamos ao passado animalesco e libertemos a centelha divina que nos caracteriza o ser verdadeiro, como pérola extraída do molusco enfermado!

Nós somos luz! Nós somos o aroma que dá sabor à vida nos universos e odoriza de amor as relações nas múltiplas estâncias do infinito das ações!

E reflitamos sobre as palavras esclarecedoras do Mestre dos Mestres sobre a nossa essência real:

> *"Vós sois o sal da Terra! Mas se o sal se tornar insípido com o que se há de salgar? Para mais nada serve senão para ser lançado fora e pisado pelos homens!*
>
> *Vós sois a luz do mundo! Não se pode esconder uma cidade edificada sobre um monte! (...)*
>
> *Assim, que brilhe a vossa luz diante dos homens, para que vendo as vossas boas obras glorifiquem a vosso Pai que está nos céus!"*[55]

4.2 – Autoexame

Proceda a um rigoroso exame quanto a uma possível participação sua no processo ofensivo sofrido.

Dificilmente uma agressão é o resultado de uma atitude unilateral, ou seja, no comum, o agressor, em sua imperfeição, age movido por uma provocação intencional ou involuntária, explícita ou implícita.

---

[55] Jesus *in* Mateus, 05:13, 14, 16.

O VALOR TERAPÊUTICO DO PERDÃO

Caso se tenha a consciência de ter participado de alguma forma para o destempero do ofensor – mesmo que a sua conduta não se justifique em face da violência desproporcional – torna-se mais fácil perdoar, posto não se encontrar a suposta vítima completamente inocente na situação. Neste caso, um pouco mais de boa vontade e um maior esforço no domínio do orgulho se fazem suficientes para revelar a capacidade de perdoar.

E que não se espere a descoberta unicamente nas ações mais diretas, pois quantas vezes, a omissão, o desdém, o orgulho ou a indiferença não funcionam como espoleta para explosão do ódio ou da maldade!

4.3 – Tomar o ofensor como ignorante

Tendo ou não participado da reação que o vitimou, compreenda e considere sempre o agressor como Espírito desconhecedor das repercussões de sua atitude, haja vista que, a partir da violência perpetrada e submetido à lei de causa e efeito, ele se fragiliza e se torna vulnerável à violência, atingindo a si mesmo, em mecanismo educativo e de reajuste.

Os pais, ante as faltas do filho ainda criança, tomam costumeiramente atitude corretiva, mas perdoam-lhe facilmente os erros afirmando:

"Ele é apenas uma criança!..."

Assim também, devemos compreender o nosso ofensor:

Na infância espiritual!

4.4 – Entender o ofensor como enfermo

Considerar as dificuldades íntimas do agressor, as dificuldades por que vem passando, as limitações em sua educação, a carência moral e mesmo material que lhe assegure uma vida digna, os revezes da vida, o seu momento emocional.

Isso tudo demonstra a sua condição de enfermo em qualquer um dos aspectos dos distúrbios da saúde, como entendida pela Organização Mundial de Saúde, requerendo de quem se encontra em melhor estado de higidez, de equilíbrio orgânico, uma postura de tolerância e compreensão.

Não significa naturalmente que ele não seja responsável por sua atitude negativa, posto ser dotado de livre-arbítrio, mas se nos colocarmos em seu lugar, submetidos a dolorosas vivências, qual seria a nossa reação?

O Espírito imperfeito, amargando as dores do mundo, tende ao descontrole, ainda que momentâneo, o que não lhe descaracteriza a condição de filho de Deus e de ser perfectível, tal como qualquer um de nós.

Ora, considerando uma dor maior do que a

nossa, sofrida por quem nos agride, teremos maior disposição para nos pormos em posição mental para o perdão.

Por outro lado, lembremos que não devemos pretender nos tornar o braço da lei, que compulsoriamente o fará rever posições e sofrer as consequências naturais do seu comportamento equivocado.

4.5 – Entender o ofensor como instrumento de prova

Reencarnamos neste mundo para o desenvolvimento das nossas potencialidades, para progredir. Nesse sentido, as situações e oportunidades que se nos apresentam podem ser classificadas, levando em conta a sua gênese, como sendo **missões**, **expiações** ou **provas**.

No primeiro caso, assumimos posições e desenvolvemos ações para o progresso geral que resultam em nosso próprio progresso: cumprimos com a nossa *"parte na obra da criação"*[56]; as expiações são resgates que objetivam patrocinar a educação, pelo reequilíbrio do que foi desestruturado no passado por ignorância ou maldade; no último caso, a partir de avaliações na escola terrena, buscamos

---

[56] KARDEC, Allan. – *O Livro dos Espíritos*. Editora EME, questão 132: Capivari-SP.

confirmar e consolidar um aprendizado supostamente apreendido.

Sendo assim, o ofensor – sem imaginar e sem querer – com o mal, faz-nos o bem! De fato, como poderíamos saber da necessidade de aplicar o perdão, se não houvesse situações reais, concretas para vivenciar?!! O agressor está posicionado aqui, naquela condição da passagem evangélica:

> "É necessário que sucedam escândalos. Mas ai daquele homem por quem vem o escândalo!"[57]

A esse respeito, conta-se que o querido médium Chico Xavier, no início do seu mediunato, na cidade de Pedro Leopoldo, sofria perseguição implacável do pároco local que, invariavelmente, lhe censurava a atividade mediúnica, ironizando e denominando-o "o burrico dos Espíritos", além de outros impropérios durante os sermões dominicais.

Chico era informado por pessoas inconformadas com as agressões gratuitas e, muito embora, guardasse postura de tolerância, não deixava de sofrer, de alguma forma envolvido pelas vibrações negativas do padre.

Após alguns anos submetido a essa provação, em certo dia, Emmanuel, o conhecido mentor espiritual do

---

[57] Mateus, 18:07.

médium, acerca-se de suas faculdades medianímicas e comenta, penalizado:

– *Chico, desencarnou hoje o nosso benfeitor!*
– *A qual benfeitor o senhor se refere, Emmanuel?*
– *Ao pároco local, Chico!*
– *Ben-fei-tor, Emmanuel?!!..* – Indagou surpreso o médium mineiro.
– *Sim, Chico, benfeitor! Pois, não fora ele, como você se saberia capaz do exercício da tolerância, da indulgência e do perdão das ofensas?*

O agressor, embora de forma intencional, mesmo sem o saber, transforma-se em instrumento de prova ou de resgate para a suposta vítima que, se conseguir a superação do orgulho, cresce espiritualmente, enquanto que ele assume um débito a ser ressarcido no futuro, quando será submetido a incompreensões, intolerâncias e violências igualmente dolorosas.

Assim, o ofensor faz-nos o bem, mesmo pretendendo causar-nos o mal!

4.6 – Considerar a impessoalidade da ofensa

O ser humano, na atual condição evolutiva, é costumeiramente melindrável e, por consequência da sua imaturidade, fomenta traumas emocionais e frustrações inaproveitadas, com repercussões na sua sensopercepção e julgamento das ações alheias.

De modo que há mágoas e ressentimentos por atitudes que, se bem analisadas, não tiveram um direcionamento certo, quer dizer, não foram idealizadas para atingir o que se sente agredido. Nesses casos, que podem ser resultantes de desinteresse, de desatenção, de descompromisso, de egocentrismo e de omissão, a ação negativa não se reveste de pessoalidade.

O Dr. Fred Luskin[58], em seu livro *O poder do perdão*[59], narra o caso de Marilyn, 52 anos, que o procurou em sua clínica com quadro de depressão e importante baixa autoestima. Ela acreditava localizar o início de sua enfermidade e apontava como causa de sua problemática a educação recebida de seus pais na infância.

Filha única de um casal que se havia consorciado sem laços afetivos mais consistentes, não teve o amor e a atenção que esperava de sua mãe; seu pai, embora a amasse, em função de sua condição de militar, viajava com muita frequência e mudavam periodicamente de residência, o que lhe dificultava a construção de um círculo de amizades mais permanente.

Marilyn cresceu sentindo-se insegura e com dificuldades em fazer amizades. Aos 50 anos,

---

[58] Fred Luskin é doutor em aconselhamento clínico e psicologia da saúde pela Universidade de Stanford.
[59] LUSKIN, Fred. – *O poder do perdão*. Trad. De Carlos Szlak. Editora Novo Paradigma: São Paulo-SP.

continuava a sofrer a dor de não ter sido amada convenientemente por sua mãe e mantinha-se magoada e ressentida, o que a impedia de ter uma vida normal, pois que estacionou no passado, mantendo-se solitária, apesar de casada.

Sua mãe, aos 80 anos, permanecia alheia aos anseios da filha que ainda esperava reversão antes da desencarnação da genitora.

Podemos compreender no caso de Marilyn que sua mãe não agiu intencionalmente, não cogitava desprezar a filha ou maltratá-la de alguma maneira.

Simplesmente, ao peso de suas dificuldades como ser humano, não se permitiu amenizar as amarguras, a partir de uma relação afetuosa com a filha, mantendo-se sofrida com o casamento estéril de sentimentos e com uma vida sem maiores atrativos.

O desamor, entendido por Marilyn como agressão pessoal, em verdade reveste-se de impessoalidade, o que naturalmente não anula a responsabilidade materna, mas é fato que não há a intenção de magoar.

Marilyn, assim como procedeu sua mãe a quem recrimina, não aproveitava as outras oportunidades de desenvolvimento afetivo, agrilhoada que se mantinha à criança ferida no passado.

Assim se dá com muitas pessoas: sentem-se agredidas por quem nem mesmo se dá conta do mal que faz, simplesmente por não se permitir compartilhar emoções ou se circunscreve à dimensão do próprio ego.

A esse respeito o Dr. Fred Luskin comenta:

"A maioria das afrontas é cometida sem a intenção de fazer alguém sofrer pessoalmente. (...). Entristece-me ver inúmeras pessoas que não conseguem prestar atenção ou ser gratas às pessoas que as amam porque estão pensando naqueles que as magoaram ou porque estão se sentindo tristes por suas perdas."

Uma grande dificuldade em romper com as amarras da mágoa nessas circunstâncias é o fato de se eleger a pior das piores de todas as criaturas, como se o seu sofrimento pessoal fosse o mais dilatado do Universo.

Compreendemos perfeitamente o quão pungente e dolorosa pode ser uma experiência de vida desse tipo, mas, se erguermos os olhos para o Alto, como nos sugere o Espírito Lacordaire, em *O Evangelho segundo o Espiritismo*[60], descobriremos um grande número de pessoas que se afligem como nós e outras que se encontram experimentando dores ainda mais lancinantes.

Essa solidariedade universal, até certo ponto, nos resgata as forças para seguirmos lutando e para vencermos as dificuldades compreensíveis de se

---

[60] Ver *O Evangelho segundo o Espiritismo*, cap. V: 18.

O VALOR TERAPÊUTICO DO PERDÃO

darem em um "mundo de expiações e provas"[61], como o nosso.

O drama familiar, embora não tenha como especificar ou detalhar o caso em pauta, poderá, em tese, ser compreendido, sob o enfoque espírita, como uma dificuldade de relacionamento que se arrasta insolúvel de outros momentos reencarnatórios até o presente, aguardando, de pelo menos um dos protagonistas que sofrem e/ou fazem sofrer, a assunção de uma postura clara e definida de perdão, iniciando o estabelecimento dos laços de amizade e fraternidade em direcionamento para o amor.

Ao se conseguir assegurar-se da impessoalidade da ação agressora – e como pensa o Dr. Fred Luskin há sempre algo de pessoal e de impessoal em todas as situações dolorosas da vida – de alguma forma se perde a dimensão do confronto que insistimos em manter em termos de comportamento agressivo ou vingativo.

5. PROGRAMAÇÃO MENTAL PARA O PERDÃO

Decidido a perdoar, deve-se encetar uma

---

[61] Ver *O Evangelho segundo o Espiritismo*, cap. III: 13-15.

programação para o perdão, neutralizando, com pensamentos no Bem a reconstituição do agravo, em trabalho perseverante de esquecimento das ofensas.

Sugiro que, como primeiro passo da programação mental para o perdão, se aceite o conselho de Jesus:

"Orai pelos que vos perseguem e caluniam."[62]

Certamente dirão alguns amigos ser impossível orar sinceramente pelos inimigos, mas afirmo que se pode sim orar pelo inimigo.

Decerto, no início das tentativas, se deparará o educando do perdão com um alto grau de dificuldade. Eu diria mesmo que se oraria com *"dentes trincados"*. Mas com o tempo se vai acostumando e desanuviando o coração.

Há quem se inquiete com a proposta e se manifeste inquisidor:

"Mas isso não seria uma atitude hipócrita?!!!..."

Hipocrisia é postura fingida, falsa, em que se tenta posar de santo, de bonzinho. Mas a proposta aqui é outra: que o pretendente ao perdão, entendendo a imperfeição momentânea que lhe embaraça alcançar o objetivo, empreenda um esforço hercúleo, persistente e continuado, para romper a barreira do orgulho e da inferioridade.

---

[62] Mateus, 05:44.

O VALOR TERAPÊUTICO DO PERDÃO

Logo, não havendo interesse algum em disfarçar limitações, nem tentativa de a ninguém lograr, não há hipocrisia.

Pela prece em favor do opositor, sintonizamos com os Bons Espíritos e, de alguma forma, intercedemos em favor daquele que nos agrediu e mesmo que ainda nos ataca, *"oferecendo a outra face"*[63] do ensinamento evangélico, abandonando a arena do ódio e da vingança.

Desta forma, favorecemos o inimigo com as nossas vibrações e nos favorecemos com a elevação dos sentimentos e o equilíbrio íntimo.

---

[63] Mateus, 05:39.

V - Família e Perdão

V
FAMÍLIA E PERDÃO

A vida a dois, bastante promissora em relação ao desenvolvimento dos potenciais da alma e do sentimento do amor, encontra-se ameaçada pelo egoísmo galopante e o materialismo insinuante que se agrava em nossos tempos.

Os desencontros de toda a ordem constituem a pauta do cotidiano dos casais contemporâneos.

O distanciamento pelas múltiplas atividades, em geral bem além das verdadeiras necessidades, assim também a fuga covarde das responsabilidades maritais e paterno-maternais contribuem, por sua vez, para o esvaziamento ou o atrofiamento do conteúdo afetivo no lar, fomentando os desastres morais e o domínio das viciações que, pelo encontro de Espíritos carentes e vulneráveis, se insinuam serpenteantes, a envolver e envenenar os jovens e suas esperançosas existências.

Em meio a caldo tão estimulante à proliferação dos vibriões do caos, não causam admiração os conflitos que se avolumam e são responsáveis pelas alarmantes estatísticas no mundo inteiro dos divórcios e separações conjugais.[64]

Desentendimentos e conflitos constituem a base do edifício das queixas e das acusações recíprocas, tomam vulto e crestam as relações já tísicas pela inanição do corpo afetivo, secundárias à desnutrição crônica. Daí até a ruptura dos tênues laços conjugais é uma questão de tempo (muito pouco tempo!). E o pior e mais incompreensível nisto tudo é que todos saem perdendo, mesmo quando cantam vitória ou se acham "aliviados", porque simplesmente desperdiçaram oportunidade ímpar de crescimento humano e espiritual e, ainda por cima, decretaram moratória na relação conjugal com todas as suas tributações e dolorosas consequências futuras.

Como se todo esse infortúnio não fosse o bastante, ainda encontramos grande percentual de separados que desenvolvem ódios, mágoas e ressentimentos importantes a marcarem-nos visceralmente, perpetuando-se inclusive para outros momentos do ciclo das múltiplas existências.

---

[64] Ver meu livro *"Existe vida...Depois do casamento?"*.

O VALOR TERAPÊUTICO DO PERDÃO

Todo esse cenário dramático, no entanto, seria menos frequente se os cônjuges conferissem maior valoração ao relacionamento conjugal, reservassem um tempo maior para a convivência serena, praticassem o diálogo e, acima de tudo, cultivassem o bom hábito do perdão recíproco, relevando as falhas e faltas que a imperfeição momentânea engendra.

Todo casal que logrou alcançar os patamares da boa convivência foi porque se permitiu o exercício cotidiano do perdão, pois sem ele não há como demorar-se casado, mantendo uma relação pelo menos relativamente harmoniosa.

O perdão, portanto, destaca-se como ponto de equilíbrio, referencial de concórdia na estabilidade do casamento.

A sua necessidade, porém, estende-se também para o relacionamento entre todos os membros da família, sendo capaz de facilitar o entendimento e fortalecer a afetividade interfamiliar, ajudando a prevenir traumas e litígios que se perderiam na noite do tempo, clamando reparação e tecendo sofrimento de monta.

De outra forma, a prática do perdão em família prepara-nos para o seu usufruto no mundo lá fora: no trabalho ou na escola, com desconhecidos ou conhecidos, entre amigos ou inimigos, tornando as dificuldades naturais de um mundo como o nosso (de expiações e provas) mais suportáveis, mais amenas e muito menos dolorosas.

VI - CONCLUSÃO

VI
CONCLUSÃO

Diante de tudo o que vimos, imagino não haver dúvida alguma sobre a urgência e a imperiosidade de editarmos definitivamente em nossas vidas a vivência natural do perdão.

É preciso dar o passo inicial na sua direção para que, um dia no futuro – em um tempo o mais breve que pudermos determinar – não mais tenhamos que perdoar.

"Como não perdoar, perguntarão alguns?!! Como que então aprenderemos a perdoar para depois não mais necessitar do perdão?"

A necessidade de perdoar, conquanto represente aquisição evolutiva de destaque para Espíritos atrasados como nós, ainda demonstra certa limitação no amar, pois que, para alguém perdoar, há que se haver permitido ofender diante da ação negativa do próximo!

Analisemos as palavras atribuídas a Jesus de Nazaré, quando exangue, após os espancamentos, sofrido com as feridas nos punhos e nos pés que o prendiam ao madeiro infamante, em um último esforço, espraia o olhar piedoso por sobre a turba que o condenara à morte e se divertia a disputar-lhe as vestes; voltando-se para o Alto e clamando:

"*Pai! Perdoai-os! Eles não sabem o que fazem!*"

Observemos que o Meigo Galileu não afirma que nos perdoa. Ele não diz "*Senhor! Eu os perdoo!*" E por que não? Porque simplesmente ele não se sentia agredido. Entendia a infância evolutiva da Humanidade. Tal como o pai terreno que sorri indulgente diante da imaturidade do filho pequeno e não se sente agredido, com muito mais razão Jesus pedia ao Senhor da Vida por aquelas pobres crianças espirituais que se endividavam com a inglória atitude do assassinato do seu benfeitor.

Então, indagarão alguns:

"*Por que Jesus pede perdão a Deus para toda a gente ali reunida? Ele seria mais puro que Deus?!!... Deus então não perdoava como Jesus?!!*"

Ora, na verdade Deus também não perdoa

ninguém – pelo menos não no sentido que nós damos ao perdão, simplesmente porque nenhum de nós é capaz de atingi-Lo e também porque Ele nos conhece muito bem!

Jesus rogava ao Pai Sua interferência na Lei Natural que é cega, automática, compulsória. E, muito embora, aja proporcionalmente ao grau de conhecimento de cada um, ainda assim não deixa de repercutir dolorosamente sobre o infrator.

Jesus, pois, com o seu amor incondicional pela Humanidade já se encontra acima de tudo isso!

Nós, entretanto, precisamos superar a grosseria, pulverizando-a com a prática do perdão!

A inclinação para o perdão incondicional é prova de sabedoria – maturidade intelectual, emocional e espiritual. É apanágio das grandes almas e passaporte para a paz e para a saúde integral.

VII
BIBLIOGRAFIA

BALLONE, Geraldo José & PEREIRA NETO, Eurico & ORTOLANI, Ida Vani. *Da emoção à lesão – um guia de medicina psicossomática*. Barueri-SP, Editora Manole.
BRAGHIROLLI, Elaine Maria & BISI, Guy Paulo & RIZZON, Luiz Antônio & NICOLETTO, Ugo. *Psicologia geral*. Petrópolis-RJ, Editora Vozes.
CAJAZEIRAS, Francisco. *Existe vida... depois do casamento?* Capivari-SP, Editora EME.
CASARJIAN, Robin. *O livro do perdão*. Trad. Pedro Luiz Vasquez Ribeiro. Rio de Janeiro-RJ, Editora Rocco.
COUSINS, Norman. *Cura-te pela vabeça: a biologia da esperança*. Trad. Bernadete de Lima Galvão e

Maria Neusa Dias Mendes Ferreira. São Paulo-SP, Edições Saraiva.

GOLEMAN, Daniel. *Inteligência emocional*. Trad. Marcos Santarrita. Rio de Janeiro-RJ, Editora Objetiva.

HOWARD, R. & LEWIS, Martha E. *Fenômenos psicossomáticos*. Trad. Stella Alves de Souza. Rio de Janeiro-RJ, José Olympio Editora.

KARDEC, Allan. *O Evangelho segundo o Espiritismo*. Trad. J. Herculano Pires. Capivari-SP, Editora EME.

_____. *O Livro dos Espíritos*. Trad. J. Herculano Pires. Capivari-SP, Editora EME.

KOENIG, Harold G. *Espiritualidade no cuidado com o paciente*. Trad. Giovana Campos. São Paulo-SP, Folha Espírita Editora.

_____. *Medicina e espiritualidade: união definitiva*. Folha Espírita. São Paulo-SP, Folha Espírita Editora, n. 371, ano XXXII, pg. 03.

LUSKIN, Fred. *O poder do perdão*. Trad. Carlos Szlak. São Paulo-SP, Editora Novo Paradigma.

MACHADO, Ângelo. *Neuroanatomia funcional*. São Paulo-SP, Atheneu Editora.

PIRES, J. Herculano. *Curso dinâmico de espiritismo*. São Paulo-SP, Editora Paideia.

PRAAG, James Van. *Em busca do perdão*. Trad. Luiz Antonio Aguiar. Rio de Janeiro-RJ, Editora Sextante.

RAMOS, Denise Gimenez. *A psique do corpo: uma compreensão simbólica da doença*. São Paulo-SP, Summus Editorial.

SIEGEL, Bernie S. *Amor, medicina e milagres*. Trad. João Alves dos Santos. São Paulo-SP, Editora BestSeller.

SILVA, Marco Aurélio Dias da. *Quem ama não adoece*. São Paulo-SP, Editora BestSeller.

XAVIER, Francisco Cândido. Irmão X (espírito). *Contos e apólogos*. Rio de Janeiro-RJ, FEB Editora.

CONHEÇA OUTRAS OBRAS DO MESMO AUTOR:

Depressão, Doença da alma – as causas espirituais da depressão

Doutrinário • 14x21 cm • 208 páginas

Quatrocentos milhões de pessoas no mundo sofrem de depressão, apontam as estatísticas.

O que é a depressão?

Como diagnosticar o mal? Quais as perspectivas futuras? Quais as possibilidades terapêuticas?

É possível preveni-la?

Neste livro, o médico Francisco Cajazeiras procura responder a essas perguntas e esclarecer dúvidas sobre a doença, mergulhando nas suas causas mais profundas – as espirituais –, sem misticismo e sem apelar para o sobrenatural, senão para a lógica e o raciocínio.

Existe vida... depois do Casamento?

Sexualidade • 14x21 cm • 224 páginas

Qual é o objetivo do casamento? É possível ser feliz nele? A vida conjugal cerceia de fato a liberdade? O casamento é uma "instituição falida"? São questões assim que se discutirão nesta obra, tudo alicerçado no conhecimento espírita, pois ele nos permite perscrutar razões e consequências anteriores ao berço e posteriores ao túmulo.

Não encontrando os livros da EME na livraria de sua preferência, solicite o endereço de nosso distribuidor mais próximo de você através de
Fones: (19) 3491-7000 / 3491-5449
(claro) 9 9317-2800 (vivo) 9 9983-2575
E-mail: vendas@editoraeme.com.br – Site: www.editoraeme.com.br

@editoraeme   /editoraeme   editoraemeoficial   @EditoraEme